中国"洋厂长"研究丛书

本书获得武汉城市圈制造业发展研究中心、江汉天字商学院、湖北省管理科学与工程重点学科资助

格里希武柴管理实践研究

顾　祎　赵晨薇
梁　东　万远淦　编著

武汉理工大学出版社

·武　汉·

图书在版编目(CIP)数据

格里希武柴管理实践研究/顾祎等编著. —武汉:武汉理工大学出版社,2022.4
ISBN 978-7-5629-6530-5

Ⅰ.①格⋯ Ⅱ.①顾⋯ Ⅲ.①格里希(Gerich,Werner 1919—2003)-生平事迹
②柴油机-内燃机工业-工业企业管理-经验-武汉 Ⅳ.①K851.653.8 ②F426.42

中国版本图书馆 CIP 数据核字(2021)第 245344 号

项目负责人:李兰英   责 任 编 辑:李兰英
责 任 校 对:李正五   排   版:翰之林
出 版 发 行:武汉理工大学出版社
邮   编:430070
网   址:http://www.wutp.com.cn
经   销:各地新华书店
印   刷:武汉中远印务有限公司
开   本:710mm×1000mm 1/16
印   张:13.25
字   数:185 千字
版   次:2022 年 4 第 1 版
印   次:2022 年 4 月第 1 次印刷
定   价:79.00 元

总　序

　　本人为中国"洋厂长"研究丛书的主持人梁东,女,出生于1960年,江汉大学商学院教授,工学学士,工商管理硕士,武汉理工大学管理学博士,美国南加州大学访问学者,奥地利圣珀尔滕应用科技大学访问学者。1982年大学毕业后我被武汉市人事局分配到武汉市机械局的下属单位武汉柴油机厂(又称"武柴")设计科。说来也巧,那年10月,武汉市与联邦德国杜伊斯堡市结为友好城市。根据厂领导的安排,我作为武汉柴油机厂的技术人员和联络员(与武汉市引进智力办公室和武汉市机械局联络)参与了引进联邦德国专家来武汉进行管理咨询工作的前期准备工作,后来我又见证了威尔纳·格里希(Werner Gerich,又称格里希)先生就任武汉柴油机厂厂长的历史事件。

　　格里希在武柴工作的两年多时间里,将西方先进的管理思想和理念带入了中国、带入了武汉、带入了武柴,为当时国有企业改革注入了活力。

　　非常感谢原武柴领导给予我近距离接触格里希先生的机会,让我有机会认识和了解他。尽管时间很短,但这段经历是我人生中的巨大财富,对我后来担任教师所进行的教学和科学研究工作有很大的帮助。

　　1985年下半年我调入江汉大学任教后,仍然为武柴的发展做了一些力所能及的事情。我促成了格里希来江汉大学演讲,他介绍了担任武柴厂长的体会和经验,受到老师和学生们的热烈欢迎。

本系列研究成果分为五个部分:

《梁东访谈录:格里希印象》。人们都知道武汉有一个洋厂长格里希,但格里希是何许人也?格里希是如何来到武汉的?担任武柴厂长前他在武汉做了哪些工作?格里希担任武柴厂长的过程是怎样的?武汉市委、市政府在此期间做了哪些工作?格里希是如何忘我工作的?格里希是如何看待产品质量的?他为何要免除时任总工程师和检验科科长的职务?他是如何对待企业党委工作的?格里希是如何进行改革的?这些改革的成效如何?他回国休假时做了些什么?他是如何通过国家领导人和武汉市政府为武柴职工宿舍改造和企业技术改造争取机会的?格里希的26万字改革方案是如何形成的?格里希离任后还关注武柴吗?人们对格里希的评价如何?格里希为何获得中国改革友谊奖章?笔者通过访问与格里希接触过的武汉市政府领导、市政府有关部门领导、市外事办公室(简称外办)领导、市机械局领导,有关艺术家,武汉柴油机厂的老领导、工会主席、生产调度长、车间主任、司机、工人及格里希的翻译,本着源于历史和尊重历史的原则,以访谈和故事的形式,原汁原味、全方位地再现了格里希当年在武汉柴油机厂从事咨询工作和担任厂长期间鲜为人知的工作场景和生活情况。

《用图片讲述格里希的故事》。这是一本图片集,书中有近600张有关格里希的图片。它们是从所收集到的3000多张图片中精选出来的,涵盖了有关格里希的官方媒体照片、办公室工作照、车间工作照、武柴演讲照片、工作例会照片、圣诞节照片、访问职工家庭照片、领导接见照片、外出访问照片、讲学照片、与职工合影照片、家庭照及格里希离世活动照片等。这些图片来源于格里希之子贝尔恩德·格里希、其他受访者、相关艺术家、各类媒体、首都博物馆、湖北省档案馆、武汉市档案馆及武汉柴油机厂文史资料。这些图片生动形象地再现了格里希在武汉柴油机厂工作期间的工作和生活状况。

《格里希文集》。本书展示了格里希在武柴从事咨询工作和担任厂长期间的部分工作报告、往来信函、讲话文稿、批示等,其中部分是手稿原件。从这些十分珍贵的史料中可以看到格里希实事求是的工作态度、近乎"刻板"的认真精神和巨大的人格魅力。

《格里希与"格里希们"》。这是一本文字加图片的回忆录,分为上、下篇。上篇讲述了格里希前半生的工作和生活情况,介绍了中国政府为了格里希的家庭团聚所付出的努力,还讲述了周健文先生(本书笔者之一)作为武汉市外国专家局局长及翻译陪同离任后的格里希先生回武汉访问的故事,以及格里希的身后事;下篇讲述了笔者交往过的、为武汉市经济建设作出重要贡献的 15 位"格里希"的感人故事,他们是武汉市引进国外智力的光辉典范,包括获得中国政府友谊奖的部分知名外国专家,获得武汉市黄鹤友谊奖的部分外国专家及其他与武汉有过密切交往的外国友好城市市长、外事专员、汉学家、记者和医生。

《格里希武柴管理实践研究》。本书介绍了格里希担任武汉柴油机厂厂长期间所采取的管理策略:格里希武柴质量管理改革策略、格里希武柴结构工资改革、格里希的用人之道、格里希武柴会议制度改革研究,以及提高柴油机整机清洁度的方法和途径。此外,本书以附录的形式收录了与格里希武柴管理实践有关的内容。

本系列研究的提议者是原江汉大学校长杨卫东教授。他历任武汉市政府研究室副主任、武汉市国有资产管理委员会主任、武汉市政府副秘书长等职。在武汉市委、市政府的领导下,他主持了武汉市国有企业改革,对武汉市国有企业的现状了如指掌。杨校长思想敏锐,站得高,看得远,他不仅是一位好领导,而且是一位学识渊博的学者。

2012 年 6 月,时任江汉大学校长的杨卫东教授率团出访德国和荷兰,回访与江汉大学联合办学的德国伍珀塔尔大学和荷兰格罗宁根汉斯大学,我作为团员随同出访。当我们访问德国伍珀塔尔大学时,格里希的音容笑貌突然出现在我脑海里,因为格里希的家乡距离伍珀塔尔大学并不远。我对杨卫东校长说:"尊敬的校长,我毕业于武汉理工大学,曾经在武汉柴油机厂工作了三年多,并且协助格里希工作过。"杨校长说:"好啊,你应该把这段历史记录下来。"虽然我有与格里希一起工作的经历,但由于平时工作忙碌,从未想到过要做这件事情。我回答道:"平时工作太忙了,教学和科研工作任务繁重,哪有时间去做这个事情啊!"我并没有把此事放在心上。

2016年9月的一天,杨卫东校长下基层检查工作,他一见到我就问:"你的格里希课题开始没有? 2018年是中国改革开放40周年,格里希是一个典型人物,为武汉柴油机厂的改革作出了贡献,我们应该记住他。"我回答道:"算了,我快退休了,不想搞了。"杨校长语气沉重地说:"你总该为学校、为武汉市做点事情吧!"这句话让我心头一震,我说:"武柴已经不复存在了,到哪里去收集材料啊?"杨校长说道:"去找啊,去找当时的领导和同事啊!"此时的我好像本能地接受了杨校长的建议,但迟迟没有行动。

2017年春节,我约了武柴的老同事一起吃饭。我知道没有他们的支持,这个课题是无法进行的,于是我向他们表达了想做格里希课题研究的想法,得到了大家的一致赞同和大力支持。有同事当场表示愿意提供采访名单,但同时也表现出了收集资料的畏难情绪。做还是不做? 我的思想斗争非常激烈。如果做,难度很大,时间已经过去30多年了。杨校长那时担任江汉大学武汉研究院院长,当他再次提及此事时,我已经没有理由推脱了。我开始在网上收集资料,到图书馆查阅文档,撰写课题申报书。2017年7月,我递交了"梁东访谈录——武柴人眼中的格里希"课题申报书,得到了武汉研究院的大力支持,课题很快被立项了。杨校长还对申报书中的不足之处提出了非常中肯的改进建议。随后,我又申报了湖北省社会科学联合会的课题,被批准立项,这进一步坚定了我对中国第一位"洋厂长"格里希进行研究的信心。

那么如何开展研究工作呢?第一步,撰写研究目录;第二步,在网上收集资料;第三步,列出访谈名单,制订访谈计划;第四步,与德国驻中国大使馆联系,与德国杜伊斯堡市政府联系,与格里希家人联系,与德国杜伊斯堡市退休专家组织(Senior Expert Service,简称SES)联系,以获得格里希的图片及其他相关资料;第五步,到国内各大档案馆搜索有关格里希的文献资料,到了2018年底,改革开放40周年,许多档案都被解密了,我们可以看到更多的资料;第六步,根据研究目录按照时间序列和事件特征整理资料形成文稿;第七步,请受访者和各方面专家进行会议审稿或线上审稿。

本系列研究工作的难度超出了我的想象。

第一,寻找当年格里希的口语翻译余维浩先生困难重重。我给他的定位是"格里希的故事库"。该项研究开始时我几乎每两三天就用手机给他发一条短信,但从未收到任何反馈。研究进行到一半时,我决定造访余维浩先生,才得知余先生已经过世。我提出想见余夫人时,被她婉言拒绝了,因为她不愿意提及令人伤心的往事。我能理解,但感到很遗憾。我相信本研究也一定是余先生所期望的。

第二,几经努力才联系到格里希之子。为了联系格里希之子,我多次给小格里希发英文邮件,但都石沉大海。怎么办?想来想去,我向老朋友奥地利圣珀尔滕应用科技大学(笔者曾经是该校访问学者)原校长约翰教授(Johann Gunther)求助,请求他帮忙联系小格里希。约翰教授用德文给小格里希发了邮件,很快得到了回复,并得知他父亲在中国拍的照片已经全部交给了武汉市外办的周健文处长。我大喜过望,周处长可是我的好朋友,我们在1998年相识,虽然已多年未联系,但是电话还是有的,于是一个电话促成了一个新研究者的加入和小格里希照片的到来。我们选择了其中的200多张照片收录于我们的第二个研究成果《用图片讲述格里希的故事》中。

第三,部分武柴老同事年事已高,记忆力减退。访谈中我们发现30多年前的老同事们,除部分健在并能回忆起当年的情况外,有一些同事思路不清或卧病在床,甚至已经去世,还有一部分同事不愿意接受采访,所以原设想采访100人的计划只能部分完成了。我们对一些受访人进行了3次甚至4次访谈,采取小组多人集体采访和个人单独采访相结合、电话采访和微信采访相结合的方式,大家互相提醒,互相启发,课题组成员根据访谈录音整理成访谈录文本,并请受访人签字确认,以确保信息的真实性和准确性,工作量之大可想而知。

第四,武柴摄影师拍摄的照片被毁。我采访的第一位同事是武柴当年的摄影师。他十分爽快地接受了采访,也回忆了一些武柴在格里希任职期间的故事。但十分遗憾的是,他曾经拍摄的有关格里希的照片在一场大火中被吞没了。这给了我巨大打击,出师不利啊!但我下定决心要更加努力地收集资料,做好本系列的研究。

第五,武柴改制。武柴厂房现在成了人口密集的生活小区,昔日的机器轰鸣声已经成为过去,我也与许多武柴的见证者失去了联系,看到这样的情景,我不知道如何向格里希交代。

令人难以忘怀的审稿会场景。2018年12月27日,中国"洋厂长"研究丛书审稿会在武柴宿舍旁边的刘胖子酒店举行,平均年龄78岁的11位老同事、老领导相聚在一起,认真审阅我们的书稿,不时提出问题……,整个会议从下午3点持续到晚上9点。分别时,原武柴副厂长李昆童紧紧地握住我的手说:"梁东同志,请代我向江汉大学党委书记和校长说,你们的研究很好,真实地再现了格里希先生在武柴的工作和生活情况,这是我国改革开放历史中的一部分,你们为武柴人做了一件好事,更为武汉市做了一件有意义的事情,你们付出了辛勤劳动,我代表武柴人向江汉大学表示感谢,向你和课题组的同志们表示感谢!"那番话令我感动不已。至此,我终于明白了我所进行的研究的目的:记录中国第一位"洋厂长"格里希在武柴工作的历史,记录格里希将西方管理理念带入武柴的贡献,记录武汉市委、市政府敢为人先、追求卓越的精神。

自费赴德国采访。2019 年 5 月 17 日是一个值得纪念的日子,那天我和约翰教授一同来到德国波恩郊外小格里希的寓所进行采访,受到小格里希夫妇的热烈欢迎和诚挚接待。在近 5 个小时的采访中我们获得了许多珍贵的资料。

历史性的时刻。2018 年 12 月 18 日,在纪念中国改革开放 40 周年大会上,格里希获得中国政府颁发的中国改革友谊奖章(获得该奖项的一共有 10 位外国友人)。这是中国政府给予外国友人的最高奖项,以感谢他们为中国改革开放所作出的贡献。格里希之子贝尔恩德应中国政府的邀请,偕夫人从德国来到北京会场,代表父亲接受了习近平主席签发的获奖证书和奖章。听到这一消息,我感慨万千,为能与格里希曾经一起工作和对格里希先生的事迹进行研究而感到荣幸与自豪!

本系列研究本着源于历史、尊重历史和还原历史的原则,对格里希在中国担任厂长期间的资料进行了全方位的梳理和研究。由于水平和收集的材料有限,书中还有许多不足的地方,恳请读者批评指正。

梁　东

于武汉三角湖畔

2020 年 8 月 31 日

目　　录

格里希武柴质量管理改革策略研究[*]

梁　东　赵晨薇

摘　要　格里希是我国改革开放后聘请的第一位洋厂长,1984—1986年他受聘担任武汉柴油机厂厂长。之前,武汉柴油机厂存在质量管理观念陈旧、质量控制体系落后、质量控制意识淡薄、生产设备技术落后、劳动纪律涣散、生产环境恶劣等问题。格里希受聘担任武汉柴油机厂厂长期间,从严治厂,围绕质量管理,从端正经营思想、严格管理设备、及时检测产品、严控生产过程、提高劳动效率、规范工艺流程、改革质量检验部门、健全质保体系等方面大胆进行改革,效果良好。格里希的质量管理改革给改革开放初期的"中国制造"带来了效益,丰富了国有企业质量管理改革实践,为当今质量管理模式变革树立了良好典范。

关键词　格里希;武汉柴油机厂;质量管理;国企改革

1　引言

20世纪70年代末到90年代是我国改革开放初期,也是我国企业质量管理思想的萌芽期,我国开始从计划经济逐步转向市场经济,人民的物质需求快速增长,各类商品供不应求。武汉柴油机厂(简称

---

* 顾祎,梁东,赵晨薇.格里希武汉柴油机厂质量管理改革策略研究[M]//涂文学.武汉学研究.北京:社会科学文献出版社,2021:155-178.(有改动)

武柴)是武汉市在 20 世纪 50 年代建立的中型国有企业,武汉市政府和武汉市机械局对其高度重视。由于技术水平和管理水平低,质量意识严重缺失,武柴生产的柴油机质量和产量远低于国内其他同行企业,因此迫切需要进行质量管理模式变革。

格里希是联邦德国飞机质量检验专家,20 世纪 40 年代起便从事企业部门管理工作,积累了丰富的技术和管理经验。1982 年,武汉市与联邦德国杜伊斯堡市结为友好城市。1984 年,格里希由联邦德国杜伊斯堡市退休专家组织(Senior Expert Service,简称 SES)派出,到武柴开展技术服务工作,提出了诸多技术改造方案。武汉市委、市政府敢为人先,大胆创新,聘任格里希为武柴厂长。格里希在 1984—1986 年受聘担任武柴厂长期间,大胆改革,从严治厂,引进以质量和市场为核心的国外先进管理理念,改变了工厂管理落后、质量低劣的状况,使武柴生产的柴油机实现了向东南亚 7 个国家批量出口,给改革开放初期的"中国制造"带来了新面貌,丰富了改革开放初期中国企业质量管理研究的内容,并给当今质量管理模式变革树立了良好的典范,他的质量管理策略至今仍然值得借鉴。

2 1984 年武柴的质量管理

1984 年,武柴有近 2000 名员工,生产 12 马力(1 马力＝735 瓦)的 195 型柴油机。改革开放后,农村改革调动了广大农民的生产积极性,也刺激了农业机械的市场需求。然而,武柴的产品却不能满足农村市场的需求,产品质量和数量远落后于全国同行业,铸件废品率高达 30%～40%,而当时国际先进工厂的废品率仅为 5%。由于设备落后、原材料供应不足,武柴年产柴油机仅为 2.3 万～2.5 万台,产量与兄弟厂相比相差甚远。武柴质量管理主要存在以下几个方面的问题。

2.1 质量管理观念陈旧

当时,武柴质量管理观念比较落后,依旧是用老思想、老观念去看待质量问题,质量标准"马马虎虎",员工质量意识淡薄,每一位工人只是作为一个简单的生产者,而对生产之后的事情全然不关心。

曹小麓(原武柴检验科科长):有一天,专门负责清铲检验的检查科陈师傅刚刚检查完机体就碰到格里希来巡视,格里希将他检查完毕的机体又复核了一遍,发现还是有蛮多渣子,很生气,并批评了陈师傅。陈师傅不服气,跟格里希顶嘴,大声嚷嚷说:"我们平时就是这么做的。"①

格里希也曾当着武汉市政府有关领导的面,将几只汽缸摆在会议室的桌子上,他从汽缸里抓出大把铁砂子,脸色铁青地说:"这绝对不是技术问题,而是责任心问题。"由此可见,当时武柴员工不仅质量意识差,而且缺乏对企业和产品的责任心。

2.2 质量控制体系落后

1984 年,武柴在生产过程中没有科学、完善的质量控制体系,采用的质量控制方式非常陈旧,质量控制完全靠人力。更有甚者,质量检验人员都是某个领导的关系户,缺乏质量控制相关培训,技术素养和文化素养偏低,并且没有相应的质量监管权力。

格里希在工作日志中写道:"厂里的质量检验人员多是老、弱、病、残;有的是表现不好,原部门不要的;有的是因为人事关系复杂而被有关单位挤出来的;有的根本就没有质量检验知识。而这些不适合检验工作的人员,都奇怪地被检验部门全部接收了。由于他们没有接受过专业训练,缺少检验工作应有的素质,因此很难保证产品质量检测的准确性,很难靠他们提出改进意见。他们也很难热爱这项

---

① 梁东,顾祎.梁东访谈录:格里希印象[M].北京:经济科学出版社,2021:93.

工作,因此在工作中表现随便、不耐烦。"①

这样的质量监管体系不仅不能使产品质量得到提升,反而会产生更高的生产成本,轻者导致不能按时交付产品,重者导致严重的安全事故,从而严重降低了企业效益。

2.3 质量控制意识淡薄

管理层是企业的领导者,是企业的核心,也是一个企业的灵魂。武柴领导人的知识结构不合理,管理水平不高,他们沿用传统的管理思维与方法,没有正确认识到产量与质量的关系,认为"柴油机是农机产品,质量差点没问题"。

格里希认为:"中国技术检查部门的工程师,喜欢坐在办公室里靠听汇报来解决有关技术问题,他们不像联邦德国的技术工程师那样必须经常下去发现问题,解决问题。"②

管理层对产品质量的忽视、对质量管理的松懈造成了治厂不严、生产纪律差,这些都成为企业发展的阻力。

2.4 生产设备落后

武柴生产的柴油机质量的源头是铸件质量,但当时的武柴铸造工艺水平低、铸件质量差且废品率高,武柴机床设备严重老化。格里希在车间巡视中发现,20 世纪 30—50 年代的机床设备还在服役,生产的零件质量经常达不到图纸设计要求,柴油和机油的油耗都不符合标准(图 1)。

格里希在工作日志中写道:"有一个用户送来一台柴油机,汽缸盖裂开了。用户反映该柴油机仅仅运行了 300 余小时。通过质量检查发现,柴油机曲轴连杆颈部的尺寸不合理,被确认为废品。某些岗

---

① 根据格里希工作日志整理而成。
② 同①。

位未能采取足够的质量保证措施,这是人所共知的事情。"①

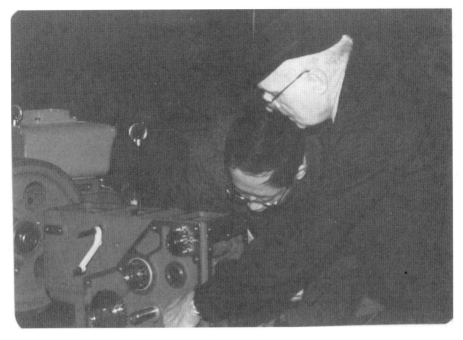

图 1　格里希在武柴装配车间检查产品质量(1984 年 12 月 16 日)

(图片来源:Bernd Gerich)

2.5　劳动纪律松散

格里希通过调查发现,武柴的工人大多是关系户,他们生产技术水平低,部分职工上班迟到、早退、闲谈、闲逛、串岗。此外,工厂开会严重占用了生产时间。

格里希看到武柴员工这样的工作状态非常痛心。他在工作日志中写道:"我刚到工厂时,看到有人在工作时看报,看报应该在家里看。我自己也很喜欢看报,但我在家里看。现在厂里再也没有人在上班时看报了。还有一件事,就是厂里的会很多,后来我说,没有我的命令不许开会,因为开会浪费时间。我们厂总有人上班时晚来几

---

① 根据格里希工作日志整理而成。

十分钟,早走几十分钟,如果一个职工每天上班浪费 70 分钟,全厂一个月加起来就是 6 万个小时。武柴仅工时就有这么大损失,如果全中国都这样,那将是多么大的浪费。"①

2.6 团队合作精神缺失

格里希在工作中发现,工厂讨论发展事宜和做出重大决策时,干部与员工总是相互推诿,责任意识不强。在质量管理中,大家缺乏团队合作精神,没有统一的思想和系统的指挥,导致管理团队和生产团队配合不到位、质量监督不到位、监管难度大、生产效率低、生产质量不达标等一系列问题。

格里希对此非常担忧。他在工作日志中写道:"除了抓检查人员的素质,还要抓工人的素质。中国不像西方那样搞大规模职业培训,所以工人的基础较差,工程技术人员的素质也不理想。工厂讨论大事做决定时,你推我,我推你……"②

2.7 生产环境恶劣

当时的武柴生产技术水平低,柴油机噪声大,生产环境恶劣,生产车间清洁度低,机床设备经常被露天摆放,没有得到很好的维护与保养(图 2、图 3)。格里希在工作日志中写道:"总装车间应当洁净如医院,而实际情况距此何止千里! 总装车间的领导似乎什么也没有看见!"③

恶劣的生产环境导致产品质量差、生产效率低和经济效益低,以至于产品销售困难,企业面临着倒闭的危险。

---

① 根据格里希工作日志整理而成。
② 同①。
③ 同①。

图 2 20 世纪 80 年代中期的武柴

（图片来源：Bernd Gerich）

图 3 20 世纪 80 年代中期的武柴仓库

（图片来源：Bernd Gerich）

3 格里希的质量管理策略

格里希到武柴考察之后,对武柴的生产状况感到痛心,同时对武柴质量管理现状提出了严厉批评。在担任厂长后,格里希大刀阔斧地进行了质量管理改革,力求文明生产和高质量生产。格里希主要进行了以下几个方面的改革:

3.1 端正经营思想,树立"质量第一"的观念

他首先要求企业领导人端正经营思想,整顿生产纪律,帮助全厂职工树立"质量第一"的观念。他将大部分时间用于生产现场的巡视检查(图4),制定了一系列规章制度,将"质量是工厂的生命"的大字标语张挂在厂门口最显眼的位置,树立"严格、勤奋、高质、高效、求实"的厂风。在每个生产环节强调产品质量的重要性,强化职工的质

图4 格里希与中方厂长黄忠韵在三车间与工人交流(1985年5月26日)

(图片来源:Bernd Gerich)

量意识。在担任厂长的第四天,他在现场发现了146台水箱的固定螺丝孔没有按图纸加工,他要求马上返工。格里希在对入库产品进行检查时又发现了108台柴油机有同类问题,他立即决定将它们全部返工,同时追究总工程师和检验科科长的责任,并在全厂进行了一次影响深远的质量管理教育。他指出:"质量和产量不矛盾,只有质量上去了,减少废品,才能有产量。没有质量的生产是盲目的生产,没有质量就没有生路,国家就不会兴旺,也就没有前途。"格里希对这一事故的处理在全厂引起了极大的震动。此后,产品质量在武柴人的心中开始有了较为重要的地位。

3.2 爱护机器

格里希常常说,一个工人干得好坏,一方面凭借手艺,另一方面就是凭借设备。他告诉武柴员工,应当将机床视为自己的眼睛,要像爱护孩子一样爱护机器(图5)。

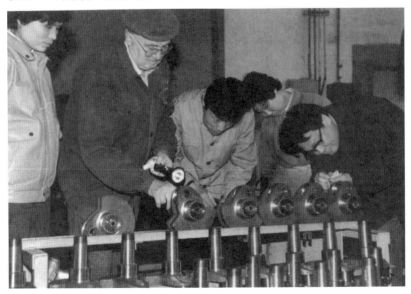

图5 格里希与厂领导一起检查机器设备情况(1986 年 11 月)

(图片来源:Bernd Gerich)

我在中国的企业看到有关机床设备的维护保养问题。我觉得他们做这项工作时是不认真的,也是不负责任的。他们每周都在打扫卫生,擦洗车床,但是他们只注意表面现象,往往用油棉纱把机床外部擦得油亮,而根本没有很好地保养机床内部,机床里仍有铁屑和油污,他们根本没有按要求擦洗轴承。我不明白,擦洗车床是为了叫别人看,还是为了更好地维护设备,使它寿命更长,更好地运转?我想提一个建议,现场的厂长先生们,不妨把你们厂职工打扫卫生的情况和设备保养情况检查一下,看有无此种情况:是否伸手往机槽箱里一抓,就能抓到大把的铁屑,机床内是否灌满了泥浆。在联邦德国,每个工人都把机床视为自己的眼睛,而且,机床周围环境比中国企业的干净得多。环境卫生情况将直接影响机床使用的寿命。[①]

格里希严格要求员工端正工作态度,爱惜机床设备,对待机器零部件要像对待鸡蛋一样轻拿轻放。他认为,员工只有爱护自己的机器,珍惜自己的劳动成果,才会生产出高质量的产品,才会有成就感,从而更加积极主动地再一次进行高质量化生产。

3.3 及时检测产品,"六件宝"显神通

格里希有六件宝:游标卡尺、磁铁棒、白手套、手电筒、放大镜及小榔头。游标卡尺用来检测零件精度,磁铁棒用来检查机器里是否有铁屑(图 6),白手套用来检查机器是否清洁,手电筒是用来检查产品内部的零件,放大镜用来检查各个工序的光洁度是否达标,小榔头用来听铸件质量的声音。格里希每日随身携带其中的"三件宝"——磁铁棒、放大镜和手电筒到车间巡查,用严格的标准对生产进行质量管控。他经常对员工说:车间应该像医院一样干净,要把机器设备打理得像自己的孩子一样漂亮干净。

---

① 根据格里希工作日志整理而成。

图 6　格里希用磁铁棒检查产品内部铁屑残留情况(1985 年 5 月 28 日)

(图片来源:Bernd Gerich)

课题组在调研过程中,曾经有这样的对话:

陶维顺(原武柴三车间主任):格里希身体力行抓产品质量,花了很多精力。当时武柴铸件的清洁度制约了产品质量的提升,多次召开质量会议都解决不了铸件清洁度问题。主要体现在:铸件加工以后清洗不干净,残留铁屑严重超标。

梁东:他采取了什么措施吗?

陶维顺:格里希到铸造车间巡查,随身携带三件东西——磁铁棒、放大镜和手电筒。铸铁件结构弯弯拐拐的,许多地方用肉眼看不到,他就拿个手电筒照着看;铸件里面干不干净,用手是摸不到的,他就把磁铁棒伸进去将残留的铁屑吸出来。吸出来的铁屑用天平一称,看有多少克,他要求每个铸件残留的铁屑总量控制在 25 克以下。

在格里希做咨询工作时,咨询纪实中武柴铸件中残留的铁屑都在300克以上。①

可见,六件宝就是格里希进行质量管理的重要工具。

3.4 严控生产过程,有效提高产品质量

3.4.1 抓源头——引进专家、保质量

格里希认为,要提高柴油机质量,首先要抓好飞轮和缸体等铸件的质量,降低铸件废品率。格里希一方面抓旧模具的修复工作,另一方面要求工具车间赶制新模具,改造更新铸件六种模具,使得铸件的几何尺寸达到了图纸要求。同时,格里希又从型砂、泥芯制作和涂炭灰水、砂箱定位的精度,以及大炉管理、烧铸、铸件抛丸清理和毛坯浸入底漆的时间等方面进行了全面治理。

为从根本上解决铸件质量差的问题,格里希邀请联邦德国铸造专家格斯塔克尔来武柴进行指导(图7)。针对武柴冲天炉老化、铁水浇注温度低,铸件出现"冷格"的现象,格斯塔克尔提出将浇冒系统的浇口面积增大并进行快速浇注。这一方法大大降低了部分产品的"冷格"废品率。格斯塔克尔看到武柴积压了山西白口高磷生铁,就重新调整配方(天津铁40%、山西白口高磷生铁5%、旧料42%、废钢13%),将库存的全部山西白口高磷生铁都用于生产,为武柴增加了10 000元的经济效益。针对汽缸体内腔披缝大、毛刺多这一质量问题,格斯塔克尔提出将缸体上下两个大芯先黏合、修整,再下入砂箱中,使汽缸体内腔质量得到了明显的提高。

铸造专家的到来,给了格里希很大信心,他相信在格斯塔克尔的帮助下,武柴产品质量会有很大的提高。

---

① 梁东,顾祎.梁东访谈录:格里希印象[M].北京:经济科学出版社,2021:91-92.

图7 格里希与联邦德国专家罗伯特·克里策在武柴车间(1986年6月)

(图片来源:Bernd Gerich)

3.4.2 抓过程——提高外协件质量

武柴的外协件占整机零部件总数的79%,因此,格里希十分注重外协件的质量。为了提高零部件的加工质量,格里希在一个月的时间里先后三次召集外协厂家负责人开会,指出他们存在的问题,要求外协厂家对产品质量予以保证。格里希严格生产纪律,关关设卡,不允许不合格的零部件流入下一道工序。他要求仓库对库存进行100%的检查,对同一产品、多处生产的外协件,按照制造厂家、出厂时间分项分类存放。他还对装机的外协件必须填写卡片,注明厂家和生产日期,随时掌握外协件的使用情况。

课题组在调研过程中,曾经有这样的对话:

梁东:格里希为了提高外协件的产品质量,亲自主持召开外协厂厂长会议。

袁成民:我参加了会议。他说:"感谢各位厂长对武柴的支持,可是如果你们生产的配件质量达不到要求,我会要求你们赔偿损失。"格里希顺手从桌上拿起一个齿轮,说:"你们看,这个齿轮清洁度严重不达标,是不合格品,我们拒收。"一位厂长说:"武柴没有对我们提出这个要求。"我们的总工程师赶紧说:"不,我们半年前就对此提出了要求,但你们没有达到,否则我们不会认为是不合格品。""由于要增加一道工序,你们好像没有确定价格,所以我们没有执行。多加工一道工序应该增加 0.5 元,需要 10 分钟。"格里希立刻一算,一小时按0.6 元算,10 分钟就是 0.1 元,格里希说:"我们给你们 0.2 元吧。"就这样,武柴与那家企业签订了合同。①

格里希还多次找到外协件生产厂商议提高质量的问题(图 8)。当他得知厂家生产的水箱质量有明显提高后,亲自赶到该厂表示感谢。

图 8　格里希访问外协厂(1986 年 4 月)

(图片来源:Bernd Gerich)

---

① 梁东,顾祎.梁东访谈录:格里希印象[M].北京:经济科学出版社,2021:142-143.

3.4.3　抓清洁度——保证总质量

格里希"严"字当头,他认为提高武柴柴油机质量的切入点是提升整机清洁度。他从源头抓起,当铸造车间的机体铸造出来后安排一道工序——清铲,将机体表面和内侧的砂子清理干净(图9)。格里希一方面将试车后检查改为试车前检查,另一方面在提高零部件清洁度上下功夫。如一定要进行抛丸处理,齿轮表面一定要加工见白,增加了曲轴和油孔倒角、抛光的工序。

图9　格里希用手电筒查看缸体清洁度(1984 年 12 月 16 日)

(图片来源:Bernd Gerich)

课题组在调研过程中,曾经有这样的对话:

曹小麓(原武柴检验科科长):当时清洁度的国家标准是 100 毫克,但格里希的要求比国家标准还要高,要求达到 20 毫克。他从源头抓起,即铸造车间的机体铸造出来后有一道工序叫清铲,就是把机体表面和内侧的砂子清理干净。以前,工人们随便搞一搞,但格里希要求非常严格,他看到不干净就要批评。[①]

另外,格里希还规定增加零部件的清洗次数,对清洗液的浓度和温度也做了优选处理。他还要求在"三包"服务队露天的返修场搭上遮尘棚,把露天存放的产品盖上塑料布,以保证机器的清洁度。

3.5 规定劳动时间,严格劳动纪律

格里希要求每个职工每天实际工作时长必须有 300~370 分钟,不允许任何违反劳动纪律的现象。他还规定科室领导、车间的干部和技术人员的主要工作是在车间班组发现和解决问题(图 10)。对违反劳动纪律的职工,格里希会及时进行批评、教育,并做出罚款或者是警告的处理。

图 10 格里希访问武汉一家企业(1986 年 10 日)

(图片来源:Bernd Gerich)

---

① 梁东,顾祎.梁东访谈录:格里希印象[M].北京:经济科学出版社,2021:92-93.

我们工厂规定上午 7 点钟上班。他要求工人 7 点上岗,机器转动,这与过去的上班观念有很大区别;他要求上班后,干部、工人只许把全部精力投入各自所做的工作,绝不允许聊天和看报,并要求干部把 90% 的时间用于下车间,把 10% 的时间用于处理科内事务。这与我们以前干部上班一杯茶、翻翻报纸,工人上班谈天说笑,形成了鲜明的对照。有个别人没有按照他的要求做,上班时看报纸,曾受到罚款 10 元的处分。他要求保卫部门每天记下迟到的干部、职工的名单。①

3.6 深入一线,不断规范工艺流程

格里希对执行工艺流程要求十分严格,他认为工艺流程直接关系到产品质量。他每天都要深入车间检查工艺流程的执行情况(图 11)。当发现有生产违章情况,他会立即提出批评;当零部件的清洁度不达标时,他会要求马上返工重洗;当发现有生产环节违反图纸要求时,他一方面找来分管生产的厂长和有关方面负责人进行现场分析,严肃批评,教育大家一定要按图纸工艺要求加工,另一方面同员工一起研究并采取有效的补救措施。

原武柴质检科副科长孙昌发这样回忆道:"格里希每天有 90% 以上的时间在生产第一线,经常

图 11 格里希亲自操作机器,检查武柴曲轴质量问题(1984 年 11 月 11 日)

(图片来源:Bernd Gerich)

① 根据武柴文史资料整理而成。

采取随机抽检的方法检查产品质量和工作质量。厂党委要求每一位职工自觉地配合厂长狠抓质量,欢迎厂长抽检,认真改进工作。"

3.7 健全质保体系,完善会议培训制度

格里希设立了质量碰头会、质量专题会制度。每天早上八点,武柴部分中层干部在办公室召开质量碰头会并进行当天的工作安排(图12)。遇到具体问题时,格里希会临时在生产现场召开质量专题会议,与员工一起讨论问题,商量解决问题的具体措施。

图 12　格里希在工作会议中(1986 年 10 月)

(图片来源:Bernd Gerich)

课题组在调研过程中,曾经有这样的对话:

聂铁钢(原武柴副厂长兼总工程师):碰头会刚开始是厂领导参加,后来由于信息反馈的需要,部门的领导和主要部门的工作人员都参加了。

翁立初(原武柴总生产调度长):格里希下达指令之后,就由我们

进行工作计划分解,有管生产的,有管后勤的,有管供应的,有管销售的,等等,各个管理部门分别制订计划,然后再将任务分到各个车间。我就是对生产系统所暴露的一些问题进行分解,告诉各个车间该怎么行动,如果中间生产有问题或者质量有问题,那么抓生产的人员也会抓质量,每道工序都会认真检查,这样就不会影响下一道工序,遇到问题及时反馈、及时解决。

梁东:质量现场会是格里希要求召开的,也反映了格里希的工作作风。这个会议的特点是:开会地点不确定,参加人员不确定,会议主题不确定。一般都是格里希在现场巡视时发现了质量问题,请相关部门领导、技术人员和车间主任在发生质量问题的现场召开的会议。

黄忠韵(原武柴中方厂长):会议的主要目的是分析产生质量问题的原因,提出解决方案,确定完成的时间,然后他亲自去检查。

这种会议制度能够完善生产纪律,健全工艺流程体系,有效提升员工的质量意识。

3.8 严格执法,建立检验人员培训中心

(1)严格执法。提高质量要靠质量检验机构和人员的严格执法。提高产品质量,首先要提高人的素质。格里希亲自监督生产质量,建立生产岗位培训制度,力求有效提升工人生产技术水平。他要求每个工人必须严格按图纸操作,绝不允许粗制滥造和违反工艺纪律的现象存在。他要求员工严格遵守工艺纪律,要求工艺及生产的产品与图纸相符,对三者不符合的情况要立即统一修正。

格里希格外重视检验人员的素质。他在质量工作会上讲道:"质量管理要靠质量检验机构。提高产品质量,首先要提高人的素质。以前厂里有的质量检验员连游标卡尺都不会看,我要大家不灰心,并给他们上课进行培训。"

(2)建立培训中心。在格里希的倡导下,武柴建立了培训中心,

对青年工人进行培训。对于检验科室员工,格里希请专业技术人员为其上课,进行分期分批培训。培训中,格里希会在翻译的陪同下旁听,检查这项工作的落实情况,也考察培训检验员的培训内容。有时候格里希还会亲自授课(图13),将西方的先进理念与技术传授给武柴的检验人员。

图 13　格里希在齿轮车间向检验员讲解检测要领(1986 年 9 月 26 日)

(中间格里希、右边熊双凤)

(图片来源:Bernd Gerich)

3.9　改革质量检验部门,健全质量保证体系

格里希认为,制造企业应该进行全方位、一体化管理,在生产的前期准备,生产的过程,生产后的装配、调试、运输、交易、安装、售后等方面都要求全方位、一体化跟进,每个生产环节必须严格按照要求执行。武柴产品质量长期上不去的部分原因是,检验人员素质偏低、把关不严,没有健全的质量管理体系。

为了提高检验人员质量检验工作的水平,格里希首先改变了检验科的隶属关系,变总工程师管理为厂长直接领导,破格提拔年轻有为的干部充实检验科班子。在加强领导力的同时,他严控质量价值链节点,合理进行技术改造,改革工艺流程。

格里希对曹小麓女士的任命改变了当时武柴任人唯亲、唯资历的用人规则(图 14),他用人以能力为导向,给武柴检验科带来了新气象。

图 14　格里希考核曹小麓后竖起大拇指(1984 年 11 月 29 日)

(图片来源:曹小麓)

曹小麓(原武柴检验科科长):我当科长还是有蛮大的舆论压力的。首先,我的年龄太小,才 35 岁,资历不够(因为当时科长们都是 50 岁以上);其次,我当时只是在热处理车间当了 10 年的工人,1980 年才毕业于武汉广播电视大学,然后到工艺科搞专机设计工作,对热加工而言,精度要求低一些,而精加工测量是以正负 0.001 毫米为单位进行计量的,所以别人认为我在这方面懂得的并不是很多,不能胜任。在检验科工作时,我严格按要求,从原材料进厂到加工的每个环节严把关,经常在装配车间和试车间巡视产品质量和检验人员的工作状况,在办公室很难见到我。通过一段时间的考察,格里希认为我是一个认真、严谨的人。我认真完成他布置的工作,同时也认真学习,对厂里的各个质量环节都了解,这点得到了格里希的高度赞赏。当然,厂里的检验工作是检验科100多位检验员共同完成的。①

格里希在为检验人员进行专业培训的同时,也为其配齐必备的工具,以统一检测标准。为提高产品质量和强化检验人员的权威,格里希将一批专业能力较强的技术人员调到检验部门,并给每位检验人员发一套红衣服,称他们为"红衣主教",要求其坚守岗位,并要求他们在车间来回巡视,赋予他们与厂长同等的质量否决权。检验人员的一票否决制大大增强了检验人员的责任感和荣誉感。

4 评价

4.1 质量管理改革见成效

由于格里希工作作风严谨,再加上治厂有方,格里希到武柴短短几个月后,武柴的经济效益大幅度提高。1984年11—12月武柴完成的产值占年计划的23%,实现利润占年计划的67.3%。1985年1—11月的产量,比1984年同期增长14.9%,利润总额增长61.4%,产品质量与历史平均水平相比:铸件综合废品率由32.72%降为12.4%,试车一次送检合格率由80%提高到95.5%,整机性能的项次合格率达95.81%,关键项合格率达10%。其中:清洁度已达48.3毫克(部标为165毫克),每马力小时机油油耗为1.4克(部标为1.7克),柴油油耗为152克(部标为185克)。②

---

① 梁东,顾祎.梁东访谈录:格里希印象[M].北京:经济科学出版社,2021:162-163.
② 根据武柴文史资料整理而成。

4.1.1　员工生产观念有所改变

格里希在质量管理上采取的"不客气"的态度,对工厂总工程师和检验科科长的失职行为所采取的开除处理的方式对工厂干部和工人的思想态度方面产生了深刻的影响,增强了员工的责任心与事业心。

4.1.2　劳动纪律有所加强

加强内部管理后,劳动纪律有所加强。科室干部不再无所事事,上班时不再看报闲谈;职工上班迟到、早退现象基本消失。全厂自上而下形成了良好的工作作风,职工的精神面貌也发生了显著变化。

4.1.3　生产管理有所改进

由于格里希对产品质量严格要求,从铸件环节进行把控,铸件表面光洁了,水道孔也无盲孔了,铸件废品率迅速下降,缸体质量比原来减轻了很多。按照图纸和生产标准管理各道工序零件的加工质量,柴油机产品质量有所提高。总装工人普遍反映,柴油机总装相比以前更顺手;检车工人反映,调装相较以前更加顺利。①

4.1.4　清洁度大大提高

格里希从强调产品质量的重要性入手,采用现代化的管理方法,要求制造出质量好、使用寿命长的柴油机。在短短几个月内,柴油机清洁度大大提升。1984 年 12 月,武汉市农机公司检查时,武柴产品清洁度为 157.6 毫克;1985 年 2 月,武汉市标准局检查时,武柴产品清洁度为 66 毫克。对曲轴上三个滑动面和油孔的抛光工序解决了曲轴油孔、倒角的问题,使原来存在的 40% 的拉瓦问题得到了解决,延

---

① 根据武柴文史资料整理而成。

长了柴油机的使用寿命。[①]

格里希在武柴担任厂长期间所进行的质量管理改革,改变了武柴原有的生产技术落后和质量低下的面貌,构建了武柴质量管理体系,为我国企业质量管理模式改革提供了宝贵经验。

4.2 格里希质量管理策略的局限性

4.2.1 未从根本上改变传统的质量管理观念

格里希经常在车间巡视,他身体力行,亲自监督,提高了产品质量。但我们要问:全厂那么多车间,那么多生产线,仅仅靠格里希一人去监督,现实吗?科学吗?回答是否定的。

胡纯梅(原武柴五车间副主任、总工程师办主任):对于不合格的产品,格里希绝对不允许其进入总装车间。有一天,一批不合格汽缸盖被送到总装车间,总装车间的一位副主任让照常装运。格里希得知后,来到车间门口,两手叉腰,坚决不让不合格汽缸盖进入总装环节。格里希在进行质量把关时,副主任说:"停下来,废品不能总装。"格里希刚离开,副主任就说:"忙起来,装!"像这种"两面派",在当时的武柴可能还不止一人。[②]

由此可见,武柴员工的质量意识并不高,他们中的一部分人一直是作为一个旁观者来观看格里希的做法,甚至采取阳奉阴违的态度,未将自己彻底融入那次质量管理改革中。

4.2.2 未建立系统的质量控制培训体系

企业需要建立从高层到设计师,再到生产车间员工,最后到售后服务人员的系统的质量控制培训体系,做到全员参与、全员重视。格

[①] 根据武柴文史资料整理而成。

[②] 梁东,顾祎.梁东访谈录:格里希印象[M].北京:经济科学出版社,2021:101-102.

里希的质量控制策略未使得整个企业对于质量控制有充分的认识,各部门未能在控制体系的指导下相互配合。最终,产品质量难以持续提升。

4.2.3 未形成全方位和一体化的质量管理模式

由于受当时技术条件及人们思想观念的限制,格里希仅着眼于寻找当时提升产品质量的方法,未意识到企业的长远发展不能仅仅依靠质检部门的改革及格里希一人之力,而是要采用先进的质量管理体制及运用系统科学的质量管理模式。

5 总结

我们赞赏格里希的精神和武汉市敢为人先引进"洋厂长"的改革之举,它们在当下武汉发展的关键时期仍显弥足珍贵。在改革开放初期,武柴质量管理理念落后,格里希采取的"严""细""实"的工作作风,在武柴厂内树立"质量第一"的观念,端正员工生产思想,随身携带自己的六件宝进行质量管控,从严整顿生产过程,严格劳动纪律、工艺纪律,建立质量会议制度,提高员工素质,建立检验人员培训中心,改革质量检验部门,健全质量保证体系等一系列措施和方法都取得了一定成效。但格里希的质量管理改革仍然存在一些局限性,所以格里希离任后,武柴就面临质量危机。但不可忽视的是,他的质量管理改革策略给改革开放初期的"中国制造"带来了效益,丰富了国有企业质量管理改革实践,为当今质量管理模式变革树立了良好典范,也为我国制造业实现全面质量管理提供了新的思路。

格里希武柴结构工资改革研究[*]

顾　祎　赵晨薇

　　摘　要　格里希是改革开放后中国聘请的第一位洋厂长。他在担任武汉柴油机厂厂长期间大胆改革,从严治厂,改变了武柴生产落后的状况。其中,结构工资改革打破了武柴传统的工资制度,激发了武柴员工的生产积极性和创造性,让武柴重新焕发了活力。本研究结合相关史实资料,在科学调研的基础上,全面分析了武柴前期工资制度的现状及缺陷,详细介绍了格里希结构工资改革的设计思想与实施过程,结合武柴员工对结构工资改革的看法,对武柴结构工资改革的成效和局限性进行了探讨,以期丰富改革开放初期国有企业进行工资改革的理论与实践研究,为今后我国国企薪酬制度改革提供借鉴。

　　关键词　武汉柴油机厂;格里希;结构工资制度

1　引言

　　20 世纪 70 年代以来,世界范围内蓬勃兴起的新科技革命推动世界经济以更快的速度向前发展。1983 年 7 月,邓小平同志发表了关于利用外国智力和扩大对外开放的重要讲话,鼓励扩大对外开放,引

　　[*]　顾祎,赵晨薇.中国第一位洋厂长格里希武柴结构工资改革研究[J].经济管理文摘,2021(16):197-198.(有改动)

进外国专家参与我国社会主义现代化建设。武汉是改革开放试点城市，敢为人先，大胆创新，积极探索发展新道路。为了不断深化改革开放，武汉市外办设立了引进国外智力小组，向当时的友好城市——联邦德国杜伊斯堡市提出引进外国专家的申请，得到了该市退休专家组织（Senior Expert Service，简称 SES）的大力支持，他们派出各领域的权威专家来到武汉开展咨询工作，帮助武汉国有企业发展。

武柴成立于 1952 年，是武汉标志性的国营企业，也是中国第一台手扶拖拉机的诞生地，主要生产 12 匹马力 195 型柴油机。1984 年，SES 向武柴派出了联邦德国专家格里希。格里希是联邦德国飞机制造和质量检验专家，20 世纪 40 年代开始担任企业部门管理者，技术水平高，并具有丰富的管理经验。格里希来到武柴，经过考察发现：武柴实行的"八级工资制"严重僵化，制约了员工生产积极性和创造性的发挥，阻碍了企业发展。在 1984—1986 年受聘担任武柴厂长期间，格里希大胆改革工资制度，提出了"多劳多得"的结构工资制，得到了厂内员工的大力支持，虽然改革存在局限性，但是仍然取得了良好的效果，具有深远的理论意义与实际意义。

2　1984 年武柴工资制度与缺陷

改革开放初期的武柴，实行的是"八级工资制"。"八级工资制"是中国 20 世纪 50 年代从苏联引进的等级工资制度。在该制度下，工厂根据生产活动的复杂程度和技术的熟练程度将工资划分为八个等级，按照等级发放薪酬。企业的经营成效由国家统负盈亏，职工的工资也由国家统一安排，这使得员工的报酬与企业经营成果、经济效益相脱离，形成了"大锅饭"的局面，而员工之间的技术水平、责任大小、劳动强度、劳动贡献的区别被完全忽视，工资等级长期不变。"八级工资制"演变成工资主要由工作年龄来决定的制度。1984 年武柴工资制度主要表现在以下几个方面。

2.1 工龄决定工资

1984 年,武柴有 1850 名职工,其中 80% 是青年职工,他们年轻力壮,积累了一定的工作经验。他们主要工作在车间,负责一线生产。然而,他们从就职以来,工资不是按照生产技术能力进行评定的,而是从最低的学徒工资开始计算,工资增长到二级之后在很长一段时间内基本就"冻结"了,而后凭借工龄的增长来实现薪酬的增长。这些青年工人在厂内做着最辛苦的工作,承担着与他们薪酬不相符的责任,每月收入 50~60 元。20 世纪 50 年代参加工作的老员工,工资基数较高,每月收入 80 元左右。随着工龄的进一步增加,这些老员工逐渐退出生产一线,只从事服务或辅助类工作,收入却较为可观。两类员工相比较,薪酬与其工作强度、劳动贡献完全不相符,员工的生产积极性严重受挫,这种工资制度显然是不合理的。

格里希对武柴进行调研考察后,对武柴的工资制度提出了质疑:"武柴的工资制度是不合理的。武柴不是按劳付酬,而是按工龄付酬。"

2.2 吃"大锅饭"

到了 1984 年,武柴的生产规模不断扩大,主要采用专用设备生产小型柴油机,年产量 3 万余台。但由于国家经济发展水平和工业化水平较低,企业财力和物力投入有限,在武柴内部,现代化、高效率的机器设备与陈旧落后的机器设备并存,各个车间的生产方式不相同。例如,相比于其他车间,铸造车间的作业环境更差,劳动强度更高;大炉工也比机床工、辅助和服务性工人劳动消耗更大。在武柴同一车间的不同岗位、不同工种之间,甚至是相同岗位、相同工种之间,由于劳动对象不同,其劳动付出完全不同,差别显著。而武柴当时的工资制度却不能体现这一差别。

原武柴中方厂长黄忠韵曾说道:"当时武柴的状况是,做与不做、做多做少都拿一样的钱,年龄越大钱拿得越多;而且司机、打字员的岗位在联邦德国是不存在的,但当时这些人的月薪还挺高。格里希认为,车间主任的工作要比供销科长重要,劳动强度大,对技术水平的要求也高,所以这个工作岗位的工资应该拿得高一些……"

2.3 平均主义盛行

改革开放以后,中国经济进入快速发展时期,科学技术迅速发展,这要求劳动者具备一定的科学文化知识,掌握专业生产技术。同时,由于武柴企业内部生产力发展不平衡,也存在纯体力劳动工人。比如,有些生产线上的工人,只需经过短期简单培训就可以上岗操作。不同岗位、不同工种要求的文化水平、劳动技术水平的高低以及责任的大小都是显著不同的。在当时的工资制度中,武柴主要还是根据工龄的长短,采取平均主义的做法,长此以往,造成了厂内职工素质低下,企业缺乏创新活力的不良局面。

原武柴员工梁东回忆道:"某日与格里希及其翻译余维浩一起到五车间巡视,格里希看见一位年龄比较大的师傅在工作,就问他工资是多少。工人回答说:'90多元。'格里希说:'你的工资在武柴是很高的。你对你的工资满意吗?'工人回答说:'我认为我现在的工资低于我的贡献。因为我去年搞了两项小发明,为我厂提高了生产效率。'格里希说:'很好,我们定的工资就是要向为企业多做贡献的人倾斜。'"

3 格里希武柴结构工资改革方案设计理念

格里希引入了联邦德国企业的工资设计理念,认为应当根据劳动强度和专业技能水平发放岗位工资。他要打破武柴传统的年龄工资制,实行"多劳多得"的按劳分配制度,真正做到打破"铁饭碗",取消"安稳饭"。为此,他提出了结构工资制。

结构工资制下的员工薪酬主要由三部分构成,分别是基础工资、年功工资、岗位工资。在该制度下,员工的工资会随着工龄的增长、岗位的变迁、成果贡献的多少而变化。新的工资制度确立后,在工资总额不变的情况下会每两月浮动一次,每次浮动限制在 5% 左右,以激励先进、鞭策落后。随着经济的发展,人民生活水平的提高,工厂生产规模的扩大,工资总额会不断增长。

3.1 基础工资

基础工资是对员工现有劳动状态的劳动报酬,大约占其工资总额的 60%,按照 1.5 个人的基本生活费用进行支付,不分岗位、不分工种、不分职务,统一按照每人每月 45 元的标准发放薪酬。学徒工和实习期间的大、中专及技校毕业生依据学历按照每月薪酬低于 45 元的水平发放。

3.2 年功工资

年功工资(也称工龄工资),约占工资总额的 10%,体现了员工劳动能力和工作成果。格里希认为各个阶段的体力和智力是有差别的,劳动能力和劳动贡献也是有差别的,因此将十年作为一个单位,第一个十年的年功工资为每月 0.5 元,而后每十年的年功工资递减 0.1 元。年功工资总额按工龄计算后叠加而成。

3.3 岗位工资

岗位工资是指员工从事某个岗位的工作而获得的劳动报酬和津贴,大约占工资总额的 30%。这部分工资是根据每个岗位的技术能力要求、责任大小和劳动条件等各种因素来制定的,在整个工资构成中相对灵活。由于武柴内部发展不平衡及技术复杂程度不一,各个岗位之间的技术要求、责任大小、工作条件和作业环境都是不同的,不可能也没有必要将岗位工资划分得太细,使得几乎每个员工一个等级。要想在不同岗位之间体现差别,拉开差距,还要在一定程度上考虑到历史遗留的问题,因而岗位工资的测算与制定十分复杂。

武柴的岗位工资制定理念是厂部只控制全厂的工资总额增长速度,下发各车间各部门的岗位工资控制额度,各生产业务负责人责权统一,决定其下属岗位工资的等级。岗位工资主要分为六类,每类分为六等,每两个月评定一次,根据工人的技术水平和工作情况给予升降。

首先,根据生产技术难度、体力劳动强度、作业环境三项内容,各车间主任、科长和室主任对本车间岗位逐项打分,每项最高四分,最低一分,然后加总。为避免出现相同或类似岗位在不同车间或科室出现较大差距的情况,人事部门会对各岗位总分进行统一调整。厂内干部也依据这样的原则,由所在单位领导根据职务和学历等逐项打分,分别归并于不同的岗位工资类别。

确定岗位总分后,再进行分类分级。岗位工资的等级是按照每个员工的劳动成果、工作绩效,参考原工资水平,由本车间或部门领导确定,最后发放该类该等级的岗位工资。工人岗位工资分为六类,每类有六个等级,最大差额为53元(表1)。干部岗位工资分为七类,每类有六个等级,最大差额为66元(表2)。领导干部的工资也是按照相同原则由厂长打分后定类定级,再确定岗位工资标准(表3)。岗位工资会随着岗位及劳动贡献的变化而上下浮动。

表1 工人岗位工资标准表

分数 (分)	岗位类别	岗位工资(元)					
		一等	二等	三等	四等	五等	六等
4	一	3	6	9	12	18	24
5~6	二	4.5	9	13.5	18	24	30

续表1

分数 （分）	岗位类别	岗位工资（元）					
		一等	二等	三等	四等	五等	六等
7~8	三	6	12	18	24	30	36
9~10	四	7.5	15	22.5	30	36	42
11	五	9	18	27	36	42	48
12	六	10.5	21	31.5	42	48	56

表2　干部岗位工资标准表

分数（分）	岗位类别	岗位工资（元）					
		一等	二等	三等	四等	五等	六等
3	一	8	14	20	26	32	38
4~5	二	14	20	26	32	38	44
6~7	三	20	26	32	38	44	50
8~9	四	26	32	38	44	50	56
10~11	五	32	38	44	50	56	62
12~13	六	38	44	50	56	62	68
14	七	44	50	56	62	68	74

表3　领导干部岗位工资表

岗位 （职务）	岗位 类别	岗位工资（元）									
		一等	二等	三等	四等	五等	六等	七等	八等	九等	十等
科长、支部书记	一	30	35	40	45	50	55	60	65	70	75
副总工程师、实验室主任、科长	二	35	40	45	50	55	60	65	70	75	80
副厂长、总工程师、研究所所长、科长、车间主任	三	40	45	50	55	60	65	70	75	80	85
厂长	四	45	50	55	60	65	70	75	80	85	90

岗位晋级时,需要在高等级岗位上工作满两个月,才可以根据工作表现进行岗位工资的上调。随着消费水平的提高,表内的工资定量标准也会定期修改。

结构工资制从每个岗位的工作性质、劳动繁重程度、责任的大小,让工资分配更加科学、合理,打破了传统武柴工资制度的框架,较好地体现了按劳分配原则,调动了职工的积极性,给企业带来了生机和活力。

4 武柴结构工资制度方案诞生及实施过程

4.1 武汉市外办和武汉市机械局的大力支持

为了帮助理顺武柴领导干部班子和试点工作头绪、帮助疏导员工思想情绪、保证"洋厂长"政令畅通、加强格里希厂长与武汉市政府部门的沟通,武汉市政府设置了"四人协调小组",为格里希的改革创新做了大量的后勤保障工作。丁华主任(曾任武汉市外办主任)是"四人协调小组"成员之一。格里希经过调研而产生改革工资制度的想法后,首先征求丁华主任意见。经过慎重考虑并获得上级领导批准后,丁华主任同意将武柴作为工资改革的试点,要求"四人协调小组"协助实施工资改革,并提出了希望格里希根据中国国情及武柴实际情况进行工资改革方案制定的意见。

武汉市机械局作为武柴的上级主管部门高度重视工资改革工作,为了顺利推行这个方案,机械局重点做了企业中层干部的思想工作,同时也号召中层干部做好其他员工的思想工作,强调工资改革在企业发展中的重要作用。原武汉市机械工业局副局长、"四人协调小组"成员胡际友先生回忆道:"我曾经问格里希对工资方案准备如何调整。格里希说:'我自己已经设计了一套方案,请你们过目。如果需要调整请你们提出意见,但是我要强调一点,给每个职工定工资级别的时候,千万不要受亲戚、朋友这些关系的影响,一旦发现这些现象,我是不客气的。'"

4.2 呕心沥血,亲力亲为设计工资改革方案

在丁华主任的支持下,格里希认真研究从联邦德国带来的企业工资设计资料,查阅员工工资资料,了解每一个人的工资细节。为了设计出符合武柴发展情况的薪酬制度方案,格里希每天早上 6 点起床,晚上 10 点休息,没有午休、休息日,工作量之大、工作之复杂难以想象。年过花甲的格里希甚至熬过几个通宵,耗时 28 天,最后设计出了武柴新的工资改革方案——结构工资制。

4.3 征求全厂员工对工资改革方案的意见

格里希初步完成工资改革方案后,余维浩先生(曾任格里希德文翻译)将其翻译为中文,交由各个部门广泛征求意见。武柴工会召开主席团会议专门研究格里希提出的工资方案,并建议格里希根据中国的历史状况,对老工人(特别是有技术的老工人)和女工、病弱者的切身利益给予照顾。格里希很重视这些建议,虚心接受并认真修改了最初的工资改革方案(图 1、图 2)。

4.4 武柴厂工会和职代会的鼎力支持

武柴在进行工资改革时,厂内曾出现了各种思想波动。为使改革顺利进行,支持格里希行使厂长权力,工会和职代会一方面要求全厂职工必须严格遵守职代会通过的一切厂规,另一方面又坚持以疏导、启发为主的方针,及时做员工的思想政治工作,有效地控制了矛盾(图 3、图 4)。

图 1　格里希与党委书记谢长钦一起商议武柴工资改革方案(1984 年 11 月 27 日)

(从左至右:格里希、余维浩、谢长钦)

(图片来源:Bernd Gerich)

图 2　格里希与中层干部一起讨论工资改革方案(1984 年 11 月 27 日)

(图片来源:Bernd Gerich)

图3　格里希与武柴工会主席陈虎初一起讨论工资改革方案(1984 年 11 月 30 日)

(图片来源:Bernd Gerich)

图4　格里希在工资改革职代会主席团会议上(1985 年 1 月)

(从右至左:格里希、余维浩、李昆童、陈虎初)

(图片来源:陈虎初)

4.5 全厂动员大会

1985 年 1 月 8 日,格里希站在三车间临时用卡车搭建起的讲台上,向全厂职工宣布:从 1985 年 1 月起,武柴实行新的工资方案——结构工资制。

格里希在大会上慷慨激昂地说道:"我们马上实行的新工资方案是通过党务、劳资、组织几个部门共同商议审定的,是通过职代会讨论和局、市领导批准的。这个方案将使每个人都有增加工资的机会。那些贡献增加、工作质量提高、技术进步者,工资会增加;那些工作没有责任心,生产出废品的人,工资会下降。这就避免了过去干多干少、干好干坏工资都一样的弊端。今后每两个月,各单位有权建议 5% 的人工资升级或降级,但升降都必须有文字说明理由,经劳资部门审核,厂长批准。这些就是我在就职演讲中所说的按劳付酬工资制。"

"从这次拟定工资改革的过程中,我可以确认,这个厂多了 500～700 人,但生产量只这么大,条件也只是这样的,如果大家要共同生存,要么多创造财富,提高质量,打开销路;要么只好开除一部分工作不好的工人。两条道路靠各位选择。应该承认,目前产品质量有所提高,不论是铸造还是总装,但还远远不能让人满意,离打入国际市场的要求还相差很远很远。大家应该热爱自己的工作,像照顾自己的小孩一样爱惜自己的设备,把产量质量来一个突破。"

"中华民族是一个伟大的民族,是一个勤劳智慧的民族,我相信经过你们的辛勤劳动,在不太长的时间内中国一定会振兴!"(图5)

4.6 三车间试点,全厂推广

在格里希的倡议下,结构工资制首先在三车间试行。随后在全厂推广,武柴用一个月时间完成了工资改革。本课题组对三车间当时的书记刘明进进行了采访。

图 5　格里希在三车间举行的全厂劳动工资改革动员大会上(1985 年 1 月 8 日)

(图片来源:陈虎初)

梁东:刘书记好!您参与过格里希的工资改革吗?能给我们讲讲吗?

刘明进:格里希担任厂长不久,就提出武柴的工资结构不合理。厂里提出了一个原则性意见,要求各个车间拿出一个具体方案,当时我在三车间当书记,就根据当时的情况成立了工资改革小组,拟定了三车间的工资改革方案,在得到格里希的认可后在武柴进行了推广。不久我就被调到五车间当主任,同格里希直接打了几年交道。

梁东:你们三车间的工资改革方案就是一个试点方案,为其他车间提供了借鉴。

刘明进:是的,这个方案总体来看,我们广大的职工还是受益不少,像我们中层干部在那个时候每个月就已经拿到了 200 多元,员工工资也有相应增加,与武汉市其他企业相比,我们的工资都是比较高的,当然也有些人不满意。

5　武柴员工对结构工资制的评价

5.1　大多数人赞成

格里希的工资制度改革确定了按劳付酬的工资等级,并对劳动结果进行奖惩,改革后大多数员工表示满意。

首先,结构工资改革后,武柴员工工资水平整体提高。根据测算,一般职工工资的上升幅度在 15%～50%,总体水平甚至高于北京、上海同等企业的工资水平。其次,在工资水平整体提高的基础上又体现了按劳分配、多劳多得的理念,让薪酬分配更加科学合理,激发了员工提高技术水平的积极性。再次,结构工资改革改变了当时论资排辈的惯性思维,坚持了生产第一、人岗相适、人事相宜的原则,激发了厂内员工的工作积极性和创新活力,利于优秀人才更快脱颖而出。

课题组在调研中收集到了一份珍贵的文件——《我们赞同结构工资制——部分职工对试行新的工资制度的认识座谈纪要》。武柴在实施工资改革后,有关部门召集了20多名职工进行座谈,职工们谈了自己对新工资制度的感想和认识。下面是该文件的部分摘要:

方向对头。与会职工一致认为这次工资改革的方向是对头的,一是符合十二届三中全会决定的精神;二是符合社会主义按劳分配的原则;三是符合我们工厂发展的需要;四是符合绝大多数人的切身利益。龚农辉说:"结构工资打破了过去的'年龄工资',打破了'大锅饭''太平饭',工资拉开了差距,实现了多劳多得,这是完全符合改革精神的,方向完全对头。"

是格里希厂长带领我们向前跨出了一大步。汪德茂说:"按劳付酬我们喊了几十年,工资改革也喊了几年,但一直未实现。格里希厂长上任时说要实行按劳分配,两个多月就兑现了,是他带领我们向前跨出了一大步,他是有功劳的。我们向他学习什么?我看他这种当机立断的精神就很值得我们学习。"

主流不容置疑。大家对工资方案的内容和它在职工中的反应进行了讨论,认为方案在一个多月的时间中就拿出来,而且使得97%的职工受益,这本身就是成功。陈忠兰说:"新生事物人们往往不容易接受,往往是看缺点多,看主流少。我认为任何事物不可能没有缺点,工资改革方案也是这样。但是这次制定的结构工资制是符合中央改革精神的,其基本内容就是打破'大锅饭'。因此,它的主流不容置疑。"

激发了我们的积极性。马宗保说:"我们试车房青年工人多,这次工资增加的幅度较大,大家工作的积极性提高了,而且学习技术的气氛浓了,很多人找书看,这就是促进。"张福祥说:"我们迫切需要提高业务水平,希望厂里能够想一些办法组织我们学习业务知识。"

从全局想就想通了。吴世璧说:"新工资方案对每一个人来说,都有一个认识过程,开始我认为自己干统计工作30多年了,岗位级别比别的统计员定得低,吃了亏。经过科领导和同志们的帮助,我的认识有了提高。我认为新的方案刚开始实行,不可能绝对公平,再想想假如自己当领导,也不可能让每个人都满意。因此,要从全局着想,替领导着想,这样想,就想通了。"

争取下次上浮一级。潘升红说:"这次我的工资级别定得较低,车间领导找我谈了话。我的思想认识有了提高。我认为要看大局,要看前途,因为工资是活的,每个人都有涨工资的机会。因此,我要安心工作,争取下次调整时上浮一级。"

5.2 少数人消极反对

随着经济体制改革工作不断深入,职工思想日益活跃,但也随之产生各种各样的思想波动现象。

在结构工资改革前期发生了极端事件。有一车间职工采取了过激的行为。课题组在调研中查阅到了一份武柴保卫科《思想波动不可怕,疏导启发要及时抓》的文件。

元月十三日上午,我厂各车间即将公布格里希厂长签署的工资改革方案时,金工一车间青年工人赵某某,因对工资调整方案不满,于当日上午九时许,将其事先准备好的西瓜刀和大字报带入车间办公室,企图要挟车间领导改变对其的工资分配方案,并扬言:"目的达不到,死也要找一个垫背的。"事件发生后,金工一车间党支部书记及时向我科报了案,并要求采取措施,以防事态扩大。事后,车间领导和同事们耐心地做了赵某某的工作,使他认识到工资制度改革的必要性,并配合企业做好这项改革工作。①

在结构工资改革前期也有少数员工消极反对。他们提出"越老越不值钱吗?"的质疑。但也有人认为,新的工资方案主要目的是激励人们认真工作,激励人们好学上进,特别是对青年职工的鞭策更大,而只有这样才能后浪推前浪,一代更比一代强。因此,只要自己努力提高业务水平,老了也会值钱的。因为岗位工资包含了技术要求这一项。大家一致的看法是,工龄工资是调动老年职工和青年职工积极性的重要内容。制定好工龄工资的分配方法是一门艺术,需要探讨和谨慎处理。

随着工资改革的不断推进,工资改革的积极效果不断显现,员工逐渐转变了思想,接受了格里希的工资改革方案。

6 对格里希武柴结构工资改革方案的评价

6.1 武柴结构工资制的先进性

武柴实施结构工资制后,工人工资平均增长达20%,干部工资平

---

① 根据武柴文史资料整理而成。

均增长 19%,原六级及以上员工工资平均增长 2.5%,原一到五级工人工资平均增长 28%,中青年骨干是主要受益者,绝大部分工人对结构工资制表示满意。武柴产量在工资改革后也在逐步增长,盈利持续增加,企业管理水平也显著提高。

6.1.1 建立了以绩效导向为基础的收入分配机制

利益动机是人类从事各种经济活动最为根本的动机。格里希将先进的工资分配理念引进武柴,严格按照考核结果兑现企业负责人薪酬,建立起效益和收入紧密挂钩的收入分配机制。在这种工资制度下,厂内的员工工资与个人贡献开始挂钩,从而促进了员工工作积极性的提高,在厂内部拉开收入差距,达到了刺激生产积极性、提高经济效益的目的。在短期内也收到了一定的效果,扭转了工厂按员工资历发工资的局面,效益导向初显成效,工厂生产质量迅速提高,盈利能力大大增强。

6.1.2 建立了比较合理的收入分配格局

格里希打破了平均主义,打破了武柴传统的年龄工资制,根据劳动强度和专业技能水平发放薪酬,理顺了企业内部人员之间的收入分配关系,为建立增长适度、差距合理、关系和谐的收入分配格局奠定了良好的基础。

6.1.3 促进了工厂内部责任制的贯彻执行

在工资改革前,工厂中层领导干部权责分离,他们需要对本单位的生产工作负责,但是没有本单位员工的工资分配决定权,"铁饭碗"现象难以推动生产。结构工资改革推行后,中层干部能够在一定程度上决定本单位员工的工资分配,能够实现奖优罚劣,有效调动了员工生产积极性,领导者权责统一,有效推动了本单位各项工作。

6.1.4　激发了员工提升技术能力的积极性

结构工资制制定了每个岗位的工资额度,也对每个岗位提出了明确的技术、业务能力要求,要求人岗相适,不符合岗位要求的员工不能上岗,也没有岗位工资,而劳动绩效较高的人,岗位工资可以增加。因而,员工学习技术、提升业务能力的自觉性被极大激发。中层领导干部需要对本单位各个岗位进行定量化、科学化的考察与了解,才能对下属工作做出正确评价,确定岗位工资。武柴原本人浮于事、得过且过的局面难以为继,领导干部必须加强学习现代企业管理理论与方法,承担应有的责任,基层员工必须转变工作态度,加强专业技能训练,增强履职能力。

6.1.5　具有先锋模范作用

格里希以岗位为核心的结构工资制在 20 世纪 80 年代的中国毫无疑问处于时代的前列,格里希在工资管理制度上的大胆尝试,为后期全国范围内国有企业的工资制度改革提供了丰富、宝贵的经验,树立了典范。此外,在改革开放初期,"格里希效应"对推动武汉乃至全国的国企改革影响深远,格里希"敢为人先"的宝贵精神也得到了延续与传承。

6.2　武柴结构工资制的局限性

受到当时国情的限制、时代的制约,格里希的结构工资改革不可避免地存在局限性。

6.2.1　部分分配政策不合理

首先,结构工资虽然在不同的岗位之间拉开了差距,但是其中较灵活的岗位工资只占工资总额的 30%,比例较低,无法充分体现"多劳多得"的初衷。其次,如何计算工程技术人员和企业管理者的劳动付出和创造的价值,拉开复杂劳动和简单劳动的差距,切实体现"复杂劳动可以拆合成倍加的简单劳动"的原则,还需要进一步探讨。再次,年功工资根据工龄的增加而递减的计算规则是否合理,还需要进一步思考。最后,结构工资制度现行办法中的"浮动"并没有将员工的薪酬与企业的经营成果和经济效益紧密结合,没有从根本上改变企业"吃国家大锅饭"的局面。

6.2.2 工资分配受到外部束缚

在格里希进行结构工资改革期间,曾有车间统计员反映自己的工资比其他车间相同工作量的统计员低,但是格里希却没有办法保障他的权益。格里希进行工资制度改革的初衷是希望结构工资上不封顶,下不保底,但由于是试点工作,武汉市政府设置了工资总额限制,一旦有一名员工工资提高,那么可能就会导致另一名员工的工资降低,很难在真正意义上实现按劳分配、同工同酬。

6.2.3 结构工资与退休金发放脱节

职工退休金发放标准牵涉到每一位职工的切身利益,而武柴结构工资制没有考虑到这一点,由此带来了一系列"后遗症"。原本企业职工退休金由国家承担并统一下发,而格里希的结构工资改革是试点,并未与退休金的发放制度相衔接,尽管格里希制定的工资水平较高,甚至比其他企业工资水平高很多,但是却与其他企业工资不同步,与政府规定的档案工资脱轨,政府规定的档案工资标准是国家认可的,员工的退休工资是根据档案工资标准来确定的。当时武柴实行工资改革制度时,并没有计入档案工资,而这一个体差异导致了武柴职工退休后格里希当时的结构工资制度不被承认,他们的退休金则按照最低标准来计算。因此,武柴员工的退休金比其他企业低一些。在武柴员工看来,结构工资使他们没有得到应有的退休保障。

7 总结

改革开放初期,面对武柴的年龄工资制、"平均主义"和"大锅饭"现象,格里希大胆探索,实行结构工资改革,从每个岗位的复杂性,员工需要承担的责任,让工资分配更加合理、科学,充分调动了员工的积极性,激发了武柴内在的活力,增强了企业的生存与竞争能力。同时,武柴工资制度的改革也存在一定的局限性,格里希离任后,结构工资制难以继续实行,留下了无法避免的"后遗症"。但不可否认,格里希的结构工资制激活了武柴的工资制度体系,是改革开放初期国有企业薪酬管理制度的大胆创新,也为新时代国有企业薪酬管理制度变革进行深入探索提供了宝贵经验。

格里希的用人之道[*]

梁　东　赵晨薇　顾　祎

摘　要　格里希在改革开放初期担任过武汉柴油机厂厂长,是中国第一位"洋厂长"。在担任武柴厂长期间,格里希基于自己多年的管理经验,形成了自己的用人之道,他慧眼识人、善于用人、重视育人、以文化养人,构建了武柴新的知识型领导班子,增强了职工的质量意识、责任意识和忧患意识,提高了职工的专业技能水平,营造了知识型企业文化氛围,让武柴的企业面貌焕然一新,给武汉的改革开放史增添了浓墨重彩的一笔。这对当今企业创新用人理念有借鉴作用。

关键词　格里希;武汉柴油机厂;用人之道;人才培养

1　引言

　　格里希出生于 1920 年,曾是一名资深的质量管理专家和企业管理者,1983 年格里希自愿加入联邦德国杜伊斯堡市退休专家组织(简称 SES)。20 世纪 80 年代,邓小平发表关于利用外国智力和扩大对外开放的讲话,欢迎国外人才来到中国。那时,联邦德国杜伊斯堡市是武汉的友好城市,经过 SES 的推荐,格里希来到了武柴担任技术顾问。武汉市人民政府坚持改革、开放、搞活的方针,大胆聘请格里希

---

　　* 赵晨薇,顾祎,张浩.中国第一位"洋厂长"威尔纳·格里希的用人之道[J].时代人物,2021(30):299-300.(有改动)

担任武柴厂长。在 1984—1986 年任职期间,格里希切实行使我国政府赋予的企业管理职权,兢兢业业,勇于实践,基于自己多年的管理经验,实践自己的用人之道,在武柴组建了新的领导班子,并在全厂职工的共同努力下很大程度上改变了武柴管理落后及质量低下的局面,得到我国企业界的普遍赞赏,是我国成功引进国外智力的光辉典范。

2　一次质量事故引起的用人思考

为了改变武柴的企业作风,提升产品质量,端正企业经营思想,整顿生产纪律,格里希身体力行、以身作则,每天在各个车间巡视近 6 个小时。1984 年 11 月 19 日,格里希走马上任仅 18 天就做出了开除时任武柴总工程师赵先生和检验科科长张先生的决定,全厂上下一片惊讶。开除两位厂领导主要是缘于一次特大质量事故。

1984 年 11 月 5 日,格里希在五车间巡视,发现一批汽缸体上的固定水箱存在严重的质量问题,他当即下令停工检查,并通知总工程师赵先生和检验科科长张先生等到现场开质量分析会,查找原因。格里希亲自逐一排查,发现有质量问题的水箱竟多达 246 台。格里希认为:"这简直是一场灾难!""绝不能这样欺骗用户,我的目标是国际市场!"当格里希了解到出现质量问题的原因是工人未按照图纸技术要求加工,他异常恼怒。在解决此次质量事故中总工程师和检验科科长的失职表现更是让格里希失望。

格里希在工作日志中记录了他上任以来看到的令他失望的一面:工人不是按工艺图纸而是仅凭经验盲目操作;检验科和车间质量检验员不懂测量工具的使用方法,工作马虎;检测工具落后;有的模具设计结构不合理;铸造件偏差过大;厂领导和车间主任没有责任感……。格里希认真思考后认为,总工程师和检验科科长应对武柴产品质量问题负主要责任。格里希在 1984 年 11 月 15 日的工作日志中写道:"我对他们的工作观察了 14 天,很不满意! 我不愿意同这两位不称职的同事共事了。"

格里希曾经的德语翻译余维浩回忆道："记得那一天,格里希在办公室里对我说:'余先生,你把总工程师和检验科科长两个人叫来。'我一看,格里希的神情不对呀,蛮严肃的。他说:'余先生,我今天忍无可忍了,不能再等了,非要采取措施不可。'他先写好了讲话稿,内容没告诉我。格里希让我先叫张科长来,再叫赵总工程师。张科长还以为有什么好事找他,两只手插在口袋里面,慢慢来了,结果是这种事。赵总工程师来的时候,估计晓得了格里希要问什么事,但没想到问题会这么严重。格里希摆好录音机后就对赵总说:'赵先生,我问你,你知不知道厂里的产品质量不好?'你知不知道为什么不好?你是不是应该对这负责?'他说,我翻译,赵总没有说话。赵总是个很有修养的人,我对他的印象非常好。格里希说完以后也不着急签字,就要他走了。那时格里希60多岁了,但脑子非常清醒。他知道在中国解聘一个人很不容易,但他坚决要开除总工程师。"[①]

格里希认为总工程师赵先生和检验科科长张先生疏于职守,权责不符,质量意识淡薄,力排众议要求将两位辞退。这在国内引起了巨大反响,虽然国有企业开除员工在20世纪80年代没有先例,但是我国政府及相关部门尊重格里希的企业管理思想与职权行使权,同意了他的要求。格里希的这一举措给武柴各个层级领导敲响了警钟,他们开始重新思考怎样增强责任意识、履行岗位职责、实现个人价值。

3　格里希的用人策略

3.1　专业技能重于文凭

改革开放初期,武柴大部分领导不是柴油机专业出身,格里希认

---

① 何祚欢.大武汉记忆 上 商海传奇[M].武汉:武汉出版社,2012:526-527.(有改动)

为厂领导在做好管理工作的同时需要提高专业能力,对领导干部提出了更高的要求。鉴于格里希对专业能力的重视,在总工程师赵先生被辞退后,武汉市原机械局副局长胡际友提出让两位大学本科毕业的工程师担任总工程师。格里希重视文凭,却没有唯文凭,最终他任命只接受过中等教育的文远海为总工程师,他认为文远海的专业性与技术熟练性使他更能胜任这个职位(图1)。

图1　格里希身穿工作服与总工程师文远海一起检查曲轴质量(1984 年 11 月 24 日)

(图片来源:Bernd Gerich)

　　武汉市原机械局副局长胡际友回忆道:"格里希自己懂行,他要求下面的人也懂行,厂领导班子都不是搞柴油机专业的,他们不懂技术,这怎么行呢? 赵总被解雇后,急需配备新的总工程师。有一天我跟格里希说:'关于总工程师,我们考虑了两个人选供您参考,一个是研究所的吴工程师,另一个是工艺科的黄工程师,他们都是内燃机专业大学本科毕业。'格里希说:'对不起胡先生,我看重的是文远海先生,虽然他只接受过中等教育,但他的专业知识和技术能力都不错。'

我当场表示尊重格里希的意见。"

格里希的"经验重于学识,技能高于文凭"这一用人思想符合当时武柴生存与发展的需要,能够激发武柴员工提升专业技能的积极性,提高员工整体素质,帮助武柴提升产品质量,扩大生产规模,增强企业竞争力。

3.2 组建知识型领导班子

在原总工程师和检验科科长被解聘后,武柴亟须组建新的领导班子。格里希深入思考后提议:任命黄忠韵为副厂长,全面负责武柴的各项工作;任命芦祖振为副厂长,负责产品质量工作;任命曹先祥为副厂长,负责生产管理工作;任命文国胜为副厂长,负责供销工作;任命文远海为总工程师,负责质量管理和技术管理工作。(图2)武汉

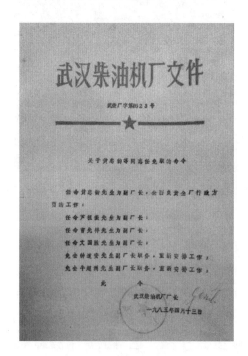

图2 格里希签署的关于黄忠韵等厂级干部的任免文件(1985年4月13日)

(资料来源:武柴文史资料1985年卷)

市原机械局批准并任命的这几位副厂长和总工程师,他们的职称都是工程师,其中三人是内燃机专业的大学毕业生。后来,格里希又将设计科一室主任吴琴心提拔为副总工程师,组建了知识型的领导班子。

格里希曾在工作日志中写道:"我希望建立一个接受过高等教育的领导班子,该领导班子一定要是一个懂技术、懂管理的领导集体。时任厂领导亲自查阅档案,将接受过高等教育的几位资深工程师推荐到了领导岗位。这个新班子将来能把我的工作继续下去。我对武汉市机械局的副局长胡际友说,五个月之前就应做出这样的决定,而不是现在。因为,如果在五个月之前能做出现在这种决定,我也会同意的。我很明确地说明了我的意见!"①

这在当时的背景下具有一定的难度,这个领导班子为推进武柴后续的工作起到了很好的作用,也为改革开放初期探索加强各级领导班子建设、培养优秀储备人才提供了宝贵的经验。

3.3 打破资历限制

曹小麓原为二车间检验员,格里希在对她进行检验工具使用情况考核后,认为她具备检验员的基本素质,将她调至检验科工作。格里希对曹小麓提出了时刻巡视车间、随时发现问题并解决问题的要求。曹小麓严格按照要求,对从原材料进厂到加工的每个环节进行把关,在装配车间和试车间巡视产品质量,她的办公室"形同虚设"。格里希考察后认为,曹小麓认真严谨,勤于学习,了解厂内每个生产环节的质量检验工作,对其高度赞赏。在改革开放初期,曹小麓虽然年仅35岁,非柴油机专业出身,却在文国胜调任销售科后被提拔为检验科科长。这体现了格里希任用干部的理念:既重视知识分子,又不会唯文凭,不论资历论专业技能。

---

① 根据格里希工作日志整理而成。

在课题组访谈中,曹小麓介绍了自己的"升职历程":

梁东:进入检验科前,格里希是如何对你进行考核的,在他办公室吗？你当时的心情如何？

曹小麓:一天晚上六七点钟了,厂领导都还没吃饭,在厂里讨论工作上的事情。厂办一位同事让我去计量室看一下,并要我到设计科三楼与格里希交流一下。说实话,见到格里希后我还是很紧张的。格里希要对我进行检验工具使用情况的考核。他拿出游标卡尺、分厘卡等,其中有一把尺子是他从联邦德国带来的,他让我辨别一下,并说明了使用方法。我看了一下,就立刻演示给格里希看,三把尺子都认出来了。格里希当场就伸出了大拇指,对我表示赞扬,让我到检验科工作。

梁东:格里希对你提出了什么要求？后来你是怎么当上科长的？

曹小麓:我到检验科工作后,他对我提了一个要求:他不能在办公室见到我,我需要在车间不停地转,不停地发现问题。当时芦祖振是科长,我就在芦祖振手下工作,没多久,芦祖振就被提拔为书记,文国胜被调到销售科,我被提拔为检验科科长。

梁东:当时武柴的摄影师但频先生拍下了格里希对你考核(图3)后伸出大拇指的场景。您当时成为武柴非常年轻的科长,大家怎么看？

曹小麓:我当科长还是有蛮大的舆论压力的。首先,我的年龄太小,才35岁,资历不够(因为当时其他科长们都是50岁以上);其次,我当时只是在热处理车间当了10年工人,1980年才毕业于武汉广播电视大学,后来到工艺科搞专机设计工作,对热加工而言,精度要求粗放一些,而精加工是以正负0.001毫米为单位进行计量的,所以别人认为我在这方面懂得的并不是很多。在检验科每天的工作中,我严格按要求从原材料进厂到加工的每个环节,在装配车间和试车间检查产品质量,几乎在办公室见不到我。

图3　格里希现场考核曹小麓(1984 年 11 月 29 日)

(图片来源:曹小麓)

　　通过一段时间对我的考察,格里希认为我是一个认真、严谨的人,我认真完成他布置的工作,同时我也认真学习,对厂里的各个质量环节都了解。当然,厂里的检验工作是检验科的100 多位检验员共同努力完成的。

　　重用青年职工是对员工个人职业发展审慎考量的体现,格里希任命年轻的检验科科长大大调动了员工的工作积极性,增强了武柴员工的凝聚力,增强了企业活力,也为改革开放建设初期企业选拔与任用人才起到了良好的示范作用。

3.4　注重青年人技能培训

　　格里希深知企业的快速发展需要充足的人才积累,他认为武柴青年工人技术水平较低,于是提出建立青年工人培训中心的想法。他曾在多个场合提出对青年工人和工程师进行培训的建议,但由于当时管理理念、技术水平和资金的局限,这项措施未能实现。

格里希曾在工作日志中写道,关于对员工的培训,联邦德国企业的做法与中国企业的做法很不相同。到目前为止,中国很少企业有培训中心。当然,像武汉钢铁公司、武汉汽轮发动机厂这类企业已经有了。在联邦德国,每个技术工人在走上岗位之前都要经过严格的培训,甚至是理发师在走上岗位之前,都需接受三年的职业教育。青年员工是企业的后备力量,也是企业发展的基础。在欧美专业学校学习的青年学生都要在工厂培训中心培训三年。如联邦德国大众汽车公司每年有1000多人在培训中心学习车钳刨、铣以及电焊、电工知识和操作方法,他们每两三个月换一个工种,有的人还要到专业学校去上课。[①]

在20世纪70年代和80年代,中国大部分企业是采用"师傅带徒弟"的工人培训模式。这种模式系统性弱,标准不一,规模化水平低。愈来愈科学化、规模化、系统化的职业培训体系逐渐成为现代工人培训的主流模式。

3.5　注重一厂之长的培养

一厂之长是负责指挥、协调一个工厂整体运行的人。厂长的工作关系到整个工厂的兴衰与成败,关系到每位职工的切身利益。格里希深知一位好厂长对企业发展的重要性。考虑到自己年龄、精力等因素的局限,为了武柴的长远发展,格里希认为为武柴培养一位合格的继承人尤为重要。

格里希为武柴提供咨询服务时,对黄忠韵先生颇有好感,他认为黄忠韵先生工作认真负责。在组建新的领导班子时,格里希提拔黄忠韵为副厂长,让他主要负责厂内的生产工作。回联邦德国休假期间,他委托黄忠韵代为执行厂长权力。在与格里希"朝夕相处"的两年时间里,黄忠韵"零距离"领会到他精益求精的质量管理思想,体会到他

---

① 根据格里希日志整理而成。

坚定执着、无私奉献的敬业精神,学习到他科学合理、行之有效的工作方法。

3.5.1 传承一厂之长质量管理思想

格里希上任后亲力亲为检查产品(图 4)、重视生产清洁度,采取一系列质量管理措施,例如召开现场质量会、加强检验人员培训、增强检验权威性。无论是作为格里希的工作助手还是后来负责厂内生产工作,黄忠韵都在潜移默化中受到了格里希"质量第一"管理思想的熏陶,并将其切实运用到自己的工作中。

图 4 格里希在装配车间检查产品质量(1984 年 11 月 8 日)

(图片来源:Bernd Gerich)

格里希对黄忠韵的质量管理工作高度赞赏,黄忠韵曾说:"有两种控制质量的做法得到格里希的肯定。一是对内狠抓铸造质量,降低废品率,抓清洁度,将油底壳倒过来,看清洁情况;二是对外狠抓外协件质量。我亲自带领部门负责人访问外协件厂家,通报质量情况,要求不合格的产品不得进入我厂,当时由陈昌池负责,效果很好。"

3.5.2 培养一厂之长敬业精神

格里希工作起来经常废寝忘食,他常说:"除了太阳,还有月亮——白天干不完,晚上接着干。"他不解决好问题绝不罢休。对柴油机的工作性能问题,格里希能够从铸件车间的第一道工序严抓到总装配车间的最后一道工序,从产品设计到生产工艺再到员工操作,他都事无巨细、事必躬亲(图5)。格里希坚定执着、一丝不苟、无私奉献的敬业精神时刻影响着黄忠韵。

图5 格里希与中方厂长黄忠韵向工人演示磁棒的用法(1986 年 7 月 11 日)
(图片来源:黄忠韵)

在课题组访谈中,梁东曾问黄忠韵先生怎样处理质量控制方面的事情。他回答道:"对容易出质量问题的地方,包括曲轴清洗、加工车间的质量控制、生产线管理我都抓。这些都是格里希很重视的环节,在格里希休假的那一段时间,我基本上不回家,一天到晚都在厂里。"

3.5.3 培育一厂之长高效管理方法

格里希来到武柴时已年过六旬,却仍然坚持每天在车间巡视不少于6个小时。他巡视着偌大的厂区,不知疲倦,边走边说,不坐也不喝水,随时准备发现和解决生产中出现的问题(图6、图7)。黄忠韵陪同在格里希身旁,耳濡目染,深刻体会到现场视察及时、可靠的优点。这对他从事生产管理工作起到了重要作用。

黄忠韵曾在采访中提到:"格里希发现质量问题的方法是他自己去厂里转,他经常不在办公室。根据武柴当时的情况,我觉得格里希

图6 格里希深入车间认真检查曲轴毛坯质量(1986年7月11日)

(从右至左:格里希、黄厚义、黄忠韵)

(图片来源:刘恩泰)

图7 格里希访问武汉一家企业（1986 年）

（图片来源：Bernd Gerich）

那时下厂检查是很有用的，只有检查才会发现问题。我后来受格里希影响，没事就去厂里检查，看到具体问题就开会解决那些问题，我觉得这在中国是很实用的。"

3.5.4 培训一厂之长质量管控能力

格里希是一名资深的质量管理专家，他坚持"严""细""实"的工作作风，严格把控产品质量，从铸件到组装关关设卡，不允许不合格的零部件流入下一道工序，并且要求仓库管理部门对库存产品进行100%的检查。黄忠韵在格里希的严格指导下，不断加强质量管理意识并逐渐提升质量管控能力。

课题组在调研过程中，曾有这样的对话：

梁东：我记得您有一次站在厂大门口禁止柴油机出厂。

黄忠韵：是的，是关于柴油机出口的事件。这件事情发生在格里希回国休假期间。有一次我在外开完会回到厂里,发现厂门口停了一台卡车,里面装的全是柴油机,我就问他们那是干什么。他们回答说这些产品是准备出口的,我问他们有没有对产品进行检查,他们回答说不清楚。我当时想,质量把关是格里希交给我的权力和责任,我要对此负责。所以我随机检查了一台,对抽查的柴油机进行启动,结果不太理想,后来抽查的几台也有问题。所以我决定这批产品不能出口,没有签字。

可见,格里希亲力亲为培养了黄忠韵两年时间,黄忠韵也不负期望,继承了格里希的质量管理理念,严格生产管理,工作勤奋踏实。格里希在离任前夕的职工大会上表达了他的心愿:"从今天开始,我把我的责任交给黄先生了,我祝愿黄先生完成他责任重大的使命。我很清楚,作为中国人管好这个企业,比我作为一个联邦德国人要困难得多。正因为这样,他应该更加严格地进行管理,有关主管部门应该支持他的工作,必要的时候,应该帮他说话。"

后来由于武柴改制等多种原因,黄忠韵先生未能继任武柴厂长,这是武柴的遗憾。

4　格里希用人之道的启示

习总书记指出:"领导干部要胸怀两个大局,一个是中华民族伟大复兴的战略全局,一个是世界百年未有之大变局,这是我们谋划工作的基本出发点。""十四五"时期全面深化国有企业改革也必须从"两个大局"的基本出发点来谋划,要整体、系统和协同推进国有企业改革。这对国有企业提出了新的要求。格里希在武柴的用人之道仍可给今天的领导者带来诸多启示,主要有以下几个方面:

4.1　慧眼识人——不唯学历凭实力

格里希曾经说过,"大学生一个都别想从我手中溜走",他格外重视对大学生的培养,也注重任用专业人才,但是他并不唯文凭来用人,而是更注重职工的专业能力。他任命厂内领导时更注重职工是否称职。近些年,随着高等教育逐渐普及,人才市场上的竞争日趋激烈,部分企业在选拔人才时往往随波逐流,只注重求职者的学历,盲目认为高学历代表高能力。企业在选拔人才时不能只关注学历高低、社会关系,而应当对应聘者的专业能力、个人见识、道德水平等各方面进行考察,多方面完善评价指标,更加科学地选拔与任用人才。

4.2 善于用人——人才合理配置

格里希解雇原总工程师和原检验科科长不是仅因为一次质量事故,在经过长达 14 天的观察后,格里希认为总工程师缺少与他的技术交流,缺乏质量管理意识,原检验科科长专业知识匮乏,工作不称职,因而才做出解雇两人的决定。在组建武柴新的领导班子前,格里希对武柴现有的职工进行深入考察,从日常工作和生活中观察候选职工。后来,他组建了知识型的、专业性强的领导班子,不断加强领导班子建设,为武柴的发展奠定了基础。企业领导者需要对员工有充分的了解,善于运用人才,有效配置人才,扬长避短,明确职工的工作职责与任务,做好监督与管理,实现事得其人、人尽其才。

4.3 重视育人——培养知识型人才

格里希深知人才是企业可持续发展的源泉,他有着很强的人才培养意识。他积极构建知识型领导班子,营造学习型企业文化氛围,计划建立青年工人培训中心,在日常工作中着力培养下一任厂长。加快建设社会主义现代化强国需要培养大批德才兼备的高层次人才,企业应当坚持以人为本的理念,正确认识企业发展与人才培养之间的联系,构建人才培养指标体系,制订人才培养计划,完善人力资源监督管理机制,将人才培养作为企业管理的核心工作。

4.4 以文化养人——构建"质量第一"的学习型企业文化

格里希言传身教,经常在现场指挥,工人生产纪律的观念不断加强,全厂上下将质量放在首位,人人注重质量的风气在武柴逐渐形成。武柴的领导干部们也经常在车间巡视,生产中出现的问题能够及时得到解决。另外,格里希休假结束后自费从联邦德国购买技术方面的资料供技术人员学习,鼓励职工在闲暇时间提升自己的技术水平,在武柴努力营造学习型氛围,构建学习企业文化。最终,武柴柴油机的生产数量不断增加,产品质量得到很大提高。

5 结语

20 世纪 80 年代,科学技术日新月异,国际国内环境瞬息万变,武柴面临严峻的挑战。格里希慧眼识人,善于用人,更注重培养人,在武柴组建了知识型领导班子,构建了学习型企业文化,提高了武柴领导班子的经营能力、质量管理能力、战略决策能力,提升了武柴职工的整体素质,增强了武柴的核心竞争力,使武柴的企业面貌焕然一新。这对新时代企业提高管理水平、提升核心竞争力具有借鉴意义。

格里希武柴会议制度改革研究[*]

梁　东　赵晨薇　顾　祎

摘　要　格里希是中国国企的第一位"洋厂长"，改革开放初期在武汉柴油机厂担任厂长时，他从严治厂，对武柴的会议制度进行改革，强化质量意识、精简会议模式、创新会议制度、建立会议效率反馈制度，让武柴面貌焕然一新。本文介绍了 1984 年武柴的会议制度，阐述了会议制度存在缺陷的原因，详述了格里希会议制度改革的各项措施，并探讨了格里希改革的可取之处，以期为当今企业会议制度改革和管理工作改进提供借鉴。

关键词　格里希；会议制度；改革实践；武汉柴油机厂；创新

1　引言

2018 年 12 月 18 日，在庆祝改革开放 40 周年大会上，党中央和国务院在人民大会堂授予格里希中国改革友谊奖章。作为改革开放初期被中国聘请的第一位"洋厂长"，格里希在担任武柴厂长时，积极引进国外先进技术和管理经验，改变了武柴质量不佳、管理落后的面貌，为中国改革开放经济建设和中德人民友谊长存做出了重要贡献。其中，针对武柴会议质量与效率低下的情况，格里希采取了一系列改

---

　　* 梁东，赵晨薇，顾祎，等.中国第一位"洋厂长"格里希武柴会议制度改革研究[J].中国应急管理科学，2021（27）：280-281.（有改动）

革措施,取得了良好成效,调动了员工的生产积极性,提高了企业的生产效率,是武汉改革开放史上的一项重大成就,对当今企业管理制度改革和会议工作改进具有重要借鉴意义。

2 1984 年的武柴会议制度缺陷

武柴建于 20 世纪 50 年代末,拥有 2000 名左右员工,是原机械工业部定点的单缸柴油机生产厂家。1984 年武柴的生产状况与当时的形势很不适应,技术落后、管理混乱、生产纪律松弛,面临着严峻的挑战。格里希初来武柴时,发现武柴厂内会议制度存在严重的弊端,主要体现在以下几个方面。

2.1 会议多且时间长

1984 年,武柴的各种会议数不胜数,除厂内统一召开的会议外,各个部门都可以组织会议,部门与部门之间也会有联合会议,会议时间经常发生冲突。厂内领导干部平均每个工作日开一个会,频频在多个会议间周转。此外,武柴平常召开的会议没有完善的管理计划,没有系统的会议议程,每个会议都会耗费大量工作时间,短则半天,长则两天。

2.2 会议主持人把控能力不强

会议主持人缺乏把控会议的意识与能力,会前未做好准备,会时没有足够的气场、能力与影响力来进行控场,会议偏离主题,浪费时间。发言人讲话冗长、语速慢、耗时长,更有甚者,发言混乱,既不知如何表达意图,也不知如何引退。参会者昏昏欲睡、云里雾里,无法领会会议意图,最终致使会议走过场。

2.3 参会者准备不充分

武柴员工经常是在开会前数小时才收到会议通知,或者即使早早收到通知但却没有收到会议内容资料、议程安排、主要议题等方面的信息,导致参会者无法就会议内容提前做好准备。有人因有其他事务要处理无法参会而派完全不了解情况的"替身"参会,因而会议质量与效率大打折扣。

格里希曾在工作日志中写道:"我发现武柴的会很多,后来我说,没有我的命令不许开会,因为开会浪费时间。我们厂总有人上班时晚来几十分钟,早走几十分钟,如果一个职工每天上班浪费 70 分钟,全厂一个月加起来就是 6 万个小时。武柴仅工时就有这么大损失,如果全中国都这样,那将是多么大的浪费。"

3 武柴会议制度存在缺陷的原因分析

武柴会议制度存在诸多问题,经过大量的文献检索与资料研究,笔者认为主要有以下三点原因:

3.1 会议质量意识不强

质量意识是企业的每一个员工对质量和质量工作的理解,对整个企业的质量工作起着重要作用。武柴会议多、时间长、效率低的一个重要原因是武柴全体员工的质量意识不强。员工并未将生产放在首位,未将提高产品质量与实现个人价值相结合,责任心和社会责任感不强。领导干部与生产线上的工人质量意识缺乏,在工作中无法达成共识,不能做到自觉参与生产活动,只在各种各样的会议中浪费时间和精力。

3.2　过度依赖会议

会议是领导进行管理的工具之一，召开会议的目标应该是集思广益、探究问题并做出决策。过去，武柴员工对会议的认识存在误区，形成"会议依赖症"，即用召开会议代表重视工作，以讲话来开展会议，以会议结束代表决策落实。无效会议在武柴比比皆是，领导和员工都习以为常，形成了恶性循环，严重阻碍了生产工作的有序进行。

3.3　会议管理制度缺失

会议管理制度是企业为有效召开会议而制定的一系列办法、规定、细则。过去，武柴开会并没有明确的会议计划、时间限制和经费控制，绝大部分会议都是领导说开就开，部门想开就开，也没有规定会议时间。会议召开与结束不准时，时长也没有严格的规定，经常出现会议无故延迟的情况，直接导致会议效率低下。会议管理制度的缺失是武柴员工做事拖拉、团队纪律严重弱化的重要因素。

4　格里希会议制度改革措施

格里希看到武柴会议质量意识不强、管理制度缺失、会议认识陷入误区、工厂生产力低下、产品质量低劣、员工毫无工作激情，深感痛心，决定要对武柴的会议制度进行改革。

4.1　强化会议质量意识

格里希在武柴强调"质量第一"的生产理念，视质量为武柴的生命。他在生产的每个环节都强调质量的重要性，制定一系列规章制度严格管控产品质量，强化员工的质量意识。格里希不仅强调产品质量，而且强调会议质量，将会议质量与产品质量统筹协同，用高质量的会议来支持高质量产品的生产,以生产高质量产品为目的来召开高质量会议(图 1)。

图 1　格里希在工作会议中(1985 年 10 月)

(从左至右:格里希、邓思维、余维浩)

(图片来源:Bernd Gerich)

在课题组访谈中,原武柴党委书记谢长钦回忆:"在一次重大产品质量事故后,格里希认为应该对全厂职工进行一次质量意识和主人公意识教育。他提出了四个措施。第一,召开全厂中层及以上干部会议,讲述质量是企业的生命的理念。他指出,质量与产量是相辅相成的,没有质量就没有产量,并且质量是第一重要的。第二,整顿工艺纪律。他分析了武柴产品质量长期上不去的一个原因是工人不按图纸加工。他说产品图纸和工艺文件就是工厂的法律,工人不严格按工艺加工就是'犯法',同时他提出要提高工艺标准。第三,加强检验科检验员培训工作。第四,追究责任。"

格里希在全厂强化质量意识,使武柴产品的质量水平大大提升,让武柴员工的责任感加强、工作作风改进、会议习惯逐渐改变,为武柴把握改革开放带来的发展机遇奠定了坚实的基础。

4.2 严格审批会议

格里希要求厂内开会必须征得他的同意。格里希对会议数量和会议时间进行控制,要求武柴根据生产的需要来召开会议,根据会议主题与发言时间来决定会议时长,绝对不可以造成人力、时间和物力的浪费。另外,格里希坚决拒绝形式主义,他严格控制会议的规模,简化会议程序,要求根据会议的目标、性质及要达到的效果来确定参会者数量,与会议主题无关或者关系不大的员工不能参会。

在课题组访谈中,曾有这样的对话:

梁东:为了严格管理、提高办事效率,格里希进行了会议改革。他认为武柴会议多,但解决的问题少,浪费时间和精力,工作效率低下。

方建强:1985 年,我们准备用两天的时间召开全厂共青团代表大会,我向格里希请示:"能否在上班的时间开这个会?"格里希问我:"多少人?"我说:"60 人。"

梁东:格里希不会同意上班时间开会的,他会算一笔经济账。

方建强:是,格里希盘算着,一天 8 小时,两天 16 小时,60 人一共损失 960 小时,格里希没有批准,后来我们利用休息时间开了一天会议,那时周末只有一天时间。

黄忠韵:为把企业的各级干部从会海中解脱出来,集中精力抓生产,他规定厂里开大会,必须经过他批准,会前要有准备、有议题、有方案,要讲实效。

严格会议审批制度进一步推动了武柴会议管理的科学化和规范化,减少了会议数量,节约了大量的人力、物力与生产时间,为武柴适应改革开放大变局打下了良好的基础。

4.3　形成简练的会议风格

格里希在武柴要求会议短而精。与会时,会场纪律要严明,发言人需开门见山、言简意赅、重点突出,免去浮词与矫饰,其他与会者需全神贯注,认真领会会议精神。他曾在会上具体要求每位发言人必须3分钟内讲清楚问题,因此参加会议的人员都非常紧张。

在课题组调研采访中,曾有这样的对话:

黄忠韵:格厂长的会给人一种耳目一新的感觉,他不提倡早退,也不允许任何人迟到。记得他刚刚上任时召集各车间主任开会,钟副厂长来晚了五分钟,他严肃提出下不为例。他开会时没有套话,没有废话,开门见山,简明扼要,一般不超过一小时,他也要求发言者发言简短,回答问题准确明了,常常限制发言人的讲话时间,不准超过两分钟或五分钟,因而参加他的会,每个人需集中注意力,如要汇报,必须认真准备发言内容,否则会引起他的不满。对于我们开惯了马拉松式会议的人而言,突然开这样的会,有的人觉得太紧张,有的人却觉得非常愉快和有效率。

梁东:我记得格里希刚来武柴时,对工作的慢节奏非常不适应。他反复强调要用跑步的精神对待工作,搞工作一定要讲效率。他说,在联邦德国一周之内就可以完成的工作,在这里却要花一个月的时间。他批评我们说,你们"慢慢来""研究研究"的作风到了该改的时候了。

这种简洁明快的会议作风让武柴员工工作节奏加快,办事效率大大提高,为武柴在改革开放浪潮中砥砺奋进提供了有利条件。

4.4　建立碰头会制度

碰头会是由格里希设立的例行晨会,格里希要求他的助手及武柴主要领导干部于每天早上8:00—8:30参加。格里希会给自己的助手及各领导干部安排当日的工作任务,助手和各部门负责人也会将前一天的工作向格里希汇报。为了信息反馈真实且及时,工艺科和检验科的员工有时也会参加。碰头会的参会者都站着,汇报人言简意赅、提纲挈领,每场会议都用时短且效率高。

在课题组调研中,原武柴厂长聂铁钢对碰头会记忆深刻。

聂铁钢:碰头会的主要参与者是厂级领导,有黄忠韵、我、曹先祥、文远海及吴琴心等,地点一般是在行政楼小会议室。

梁东:有什么令你印象深刻的事情吗? 格里希对你们厂级领导都满意吗?

聂铁钢:格里希对老曹最不满意。

梁东:曹厂长负责生产管理,与产品质量关系最大,格里希经常因曹厂长工作不力而对其给予批评。

聂铁钢:有一天老曹跟我说:"老聂,我不想参加碰头会了,他老骂我。"我说:"他这是对工作负责,你又何苦生气呢?"有一天老曹被骂得不敢去开会了。格里希对老曹吼得很厉害。

梁东:是的,我亲眼看到也听到过格里希的怒吼。

聂铁钢:他很负责,他认为你是中国人,而他是来帮你的。我觉得格里希工作抓到了点子上,不弄虚的。像一般厂长来号召一下,说一下就完事了。他不光说,还亲自给你做示范,像我们有的中国人还是比较滑头的,如果我们中国的厂长都能像他一样就好了,起码他尽到责任了,这很难得。

碰头会能够有效检查工作进度,及时传递重要工作信息,重点部署工作任务,是格里希武柴会议制度的重要创新,为武柴顺应改革开放时代潮流,实现企业发展壮大创造了优势。

4.5　建立质量现场会制度

除了碰头会,格里希还设立了质量现场会制度。当格里希在车间巡视发现了问题后,就会立刻召集相关部门领导、技术人员和车间主任开质量现场会,商量解决措施。质量现场会时间不定、会议地点不定、会议主题不定、参会人员不定。质量现场会更讲求会议的实际效果。参会人员在会议上分析产生质量问题的原因,提出解决方案,确定完成的时间,最后的环节是格里希亲自检查方案的落实情况。

翁立初和聂铁钢在接受课题组采访时,回忆起格里希的质量现场会(图2)。

图2 格里希在产品质量现场会上发言(1986年5月)

(图片来源:Bernd Gerich)

梁东:翁调度长,您有没有参加过一些会议呢?

翁立初:质量现场会我参加过,格里希现场检查出了质量问题后就叫我们来开会。比如机体清洗问题,清洗看起来是个很简单的工作,但清洗不干净就会影响柴油机的寿命,所以格里希就这个问题开过几次质量现场会。那时格里希通过翻译给我们指出问题,哪里做得不够好,我们就按照他的要求来改正。

聂铁钢:碰头会和质量现场会是制度性的,是格里希担任厂长期间所召开的主要会议。

梁东：通过这两个会议，工人们知晓了格里希的指令，并通过任务分解来执行，它们对武柴的质量管理和生产管理起到了很好的作用，收效很大。

质量现场会能够集思广益，及时解决生产中的问题，培养员工良好的生产习惯与行为观念，有效提升武柴的生产效率与产品质量。格里希根据武柴落后的生产现状设立了质量现场会制度，帮助武柴提升产品质量，增强了企业竞争力。

4.6 建立会议效率反馈制度

格里希格外重视会议效率，要求与会时负责人结合武柴实际情况明确工作目标、工作任务、工作事项及完成各项工作的期限和责任单位，同时建立了会议效率反馈制度。会议结束后，他及时将会议中决议的工作任务分派到各部门和车间，及时监督检查，掌握工作进展及问题所在，确保会议中的决策部署能够被高效落实。

在课题组调研中，曾有这样的对话：

黄忠韵：在会议上回答什么时候完成布置的任务时，他禁止用"很快完成""马上可以完成"这样抽象的概念，而必须回答几天、几号。

梁东：翁调度长，请您回忆一下，格里希开完碰头会之后，厂里的工作人员是如何执行格里希所下达的指令的呢？

翁立初：格里希下达指令之后，就由我们进行工作分解，有管生产的、后勤的、供应的、销售的等，各个管理部门分别制订计划，然后再将任务分解到各个车间。我主要管生产，生产中的每道工序我都会认真检查。我们遇到问题及时反馈、及时解决。

聂铁钢：他有一个活页纸笔记本，每天写工作安排，写谁负责什么，第二天早晨就检查完成情况。

会议效率反馈制度能够保证会议高效，推动各项工作得到落实，强化武柴内部的生产管理工作,提高武柴的生产效率,对当今企业整顿会风、提升会议质量有借鉴意义(图3)。

图3　格里希在武柴中层干部会上讲话(1986 年 10 月)

(图片来源:Bernd Gerich)

5　格里希会议制度改革启示

5.1　精简会议

格里希对会议从严审批,严格控制会议数量、时长、规模。非生产业务类会议绝不占用工作时间,节省了不必要的会议费用,降低了隐性成本。会议质量大大提升,提高了生产效率。企业应当精简会议,取消不必要的会议,少开会、开短会并讲短话,有效改进会风。

5.2 创新会议制度

格里希根据武柴的生产情况和发展需要设置了碰头会和质量现场会等多项会议制度,这是对武柴会议制度的创新,也是对质量生产管理的创新。现今,面对日新月异的技术、复杂的经济发展现状,企业面临着巨大的挑战,怎样根据自身的发展需求来创新管理制度显得尤为重要。会议是传达上级重要决策、安排部署事务的重要手段,怎样准确把握工作要求、确保决策落地生效、扎实取得发展成果是每位企业管理者必须认真思考的问题。

5.3 领导亲自示范

格里希带头严肃格会风会纪,强化责任担当,努力达到上行下效的目的。他身先士卒、事必躬亲,将会议制度改革落到实处,使武柴员工的工作作风转变、紧迫感加强、工作效率提高,产品质量和产量也登上一个新台阶。企业进行制度改革时,领导率先垂范尤其重要,领导干部的行动就是鲜明的旗帜,以身作则就是无声的命令。

5.4 注重实效

与会前,格里希会准备需要商量解决的问题;与会时,格里希与参会人员讨论改进措施;会后,格里希会继续跟进检查决策实施进程。相比于会议的进行,格里希更注重的是会后的落实工作,更加注重会议的有效性。会议的结束是行动的开始,开会不落实等于没开。企业必须建立健全会议决策督查制度,将会议确定的目标任务分解落实到各部门,明确责任领导、责任单位和完成期限,并对任务落实情况进行督促检查,确保会议的各项部署落到实处。

6 结语

在改革开放初期,武柴员工质量意识不强、过度依赖会议、会议管理制度缺失……。格里希到武柴后敢闯敢试,勇于创新,强化会议质量意识,严格会议审批,形成了简练的会议风格,建立会议效率反馈制度,并创新碰头会和质量现场会等会议制度。他率先垂范,注重会议实效,降低了武柴的管理成本和运营成本,大大提升了武柴的生产竞争力,为当今企业会议制度改革树立了良好的典范,提供了良好的借鉴。

武柴提高柴油机整机清洁度的方法和途径

万远淦

摘　要　在武柴担任厂长期间,格里希始终把提高柴油机整机清洁度作为一项重要的工作来抓。他认为要想延长柴油机的使用寿命,狠抓提高其清洁度的工作是行之有效的。他在工厂各个车间巡视时,曾作过各种指示和讲话,在他的工作日志中也有一些记载。笔者时任武柴工艺科副科长,贯彻执行工艺规程就是本职工作。本文起草于 1986 年底,旨在总结格里希任职期间武柴提高柴油机整机清洁度的方法和途径。

关键词　格里希;清洁度;杂质

柴油机的使用寿命在很大程度上取决于整机清洁度。根据柴油机产品质量检查办法的规程,采用的整机清洁度考核办法是对油底壳中的杂质进行称重。对 S195 型柴油机而言,优等品的指标是不超过 138 mg。

在格里希任厂长前我们就不断探索提高清洁度的方法和途径。1984 年武柴柴油机在创优送检时,曾因清洁度不好而名落孙山,油底壳中有木屑、铁钉、棉纱、砂子及闪闪发亮的金属微粒。通过多年的努力,武柴生产的 S195 型柴油机整机清洁度在 1985 年之后已经大面积稳定在100 mg 以内,1985 年的最好水平是48.3 mg,1986 年的最好水平37.2 mg。统计资料表明,武柴柴油机整机清洁度的水平在逐年稳步提高(表 1)。

表1   1981—1986 年武柴柴油机整机清洁度水平统计表

年份	1981 年	1982 年	1983 年	1984 年	1985 年	1986 年(1—10 月)
年平均 (mg)	219.39	201	139.1	127.2	81.51	72.73

资料来源:武汉柴油机厂检验科 1981—1986 年年度报表。

我们提高柴油机整机清洁度的方法如下。

1   杂质成分细分析,心中有数方向明

对所采集的杂质仔细进行观察分析。一般情况下,杂质成分如下:① 铸造砂粒,铸件未被清理干净所致;② 油漆残片,铸件底漆剥落所致;③ 铁屑,在机械加工过程中黏附在零件上的,颗粒较大;④ 金属微粒,零件上的毛刺导致的或因轴瓦拉烧而产生;⑤ 铁锈及氧化皮,黑色粉末状或块状,主要由热处理产生,或者由零件自然生锈而产生。

特殊情况下,还有以下杂质:① 铁钉,是因铸造清铲不彻底而遗留下来的;② 木屑,是在装配时用木榔头敲打脱落下来的;③ 棉纱,是工人用来擦手时不慎混入机内的;④ 整块的铁屑,是连杆、平衡轴与机体内壁碰撞导致的。

以上杂质成分虽无定量分析,但为我们追根寻源解决问题指出了方向。

2   从铸造车间抓起,堵杂质产生源头

整齐光洁的铸件为提高整机清洁度奠定了基础。如果只注意抓后期的零件清洗而忽略了铸件的清洁度,那将是事倍功半。在铸造车间,我们着重抓了以下三件事。

（1）上好泥芯涂料

在泥芯表面刷涂料以提高泥芯表面强度和抗黏砂能力，是获得表面光洁的铸件，减少落砂和减小清理劳动量最有效的措施之一。在武柴往往就是这种常规工艺没有被认真执行或被取消而导致黏砂严重。在上涂料时极易产生涂料厚薄不均匀、流挂、漏刷等缺陷，并且涂料沉淀时有人不及时搅拌；更有甚者，还有人以种种借口为由要取消上涂料工序。对于这些错误做法，我们都坚决予以抵制，要求严格按工艺规程执行。

工艺规程规定气缸体和气缸盖等所有的泥芯均要求上涂料，涂料厚度为 0.8～1 mm，不许漏刷和堆积。涂料由 100 份石墨粉、5～6 份膨润土、1.5 份桐油和 2 份糊精配成，加水适量，辊碾 1 h 左右呈糊膏状，取出备用。使用前将涂料加水搅拌均匀，当单位体积密度达到 1.15～1.25 g/cm³ 时即可涂刷。上好涂料的泥芯还需要进炉烘烤，升温至 180～200 ℃，保温 30 min 后在炉内冷却。当时有各种各样的新型涂料，使用效果各不相同。我们的体会是：要想得到光洁的铸件，关键不在于用什么配方的涂料。实践证明，就是我们使用的那种极为普通的涂料，效果也很好。

（2）加强抛丸清理

抛丸是武柴铸件清理的主要手段。铸件清理一般要经过手工粗清理、抛丸、砂轮机去毛边及再次手工清理四道工序。为加强铸件清理，武柴在"六五"计划期间，逐步更新了抛丸设备。现在气缸体、飞轮、齿轮室盖等零件是用大型六头抛丸室清理，抛丸时间为 1 h。气缸盖、主轴承盖、气缸盖罩、后盖等零件是用 Q3113A 型抛丸滚筒清理，抛丸时间为 15 min。经抛丸清理后的零件总还有一些死角没有被清理干净，这就需要再次靠人工清理。哪怕是很少一些黏砂，也要用铁钎、钢丝刷把它们清理干净。

（3）认真浸好底漆

铸件清理完毕后，要逐件经检验员确认清理干净后再送去浸底漆。浸漆工艺为:在铁红环氧底漆中浸泡 1 min。工件不得露出漆池液面,浸漆后在常温下自然风干,时间为 3~6 h。工艺上严格规定底漆不干不许进行机械加工。以上两项措施非常重要,因为如果铸件黏砂没有被清理干净就浸了底漆,或底漆未干就进行切削加工,那么砂粒和铁屑就会被底漆黏上,在后期零件清洗时不易被清洗干净,而在试车运转时受高温和震动后,这些黏砂铁屑或漆皮就可能掉下来进入润滑油中。

3 重视加工过程

由机械加工产生的毛刺经摩擦跑合后会进入润滑油中。例如,曲轴油孔孔口的毛刺严重时会导致拉瓦,拉瓦产生的金属屑又会进入润滑系统,因而产生恶性循环。机械加工过程中提高柴油机整机清洁度的工作可以说无处不在,因此要切实采取措施注意清除毛刺、切痕、锈迹、氧化皮。这需要从设备和工艺上尽可能予以保证,我们采取了以下措施:

(1)减轻工人劳动强度,以利工艺贯彻执行

为了使上一道工序产生的铁屑不存留在零件内,工艺上规定了在某些工序间要将铁屑吹净倒光。例如在一些盲孔攻丝后,如不及时吹净盲孔内的铁屑,几天以后铁屑就会和冷却液的混合物板结在盲孔内,不易清洗干净。因此,就在攻丝工序后配备了高压气管来吹净铁屑。像气缸体这样较重的工件,经多次加工后,内腔会存留很多铁屑。以前靠人工翻转工件来把它们倒出来,劳动强度很大。后来我们在钻绞导管孔工序之前,增加了一台翻转机,用来翻倒铁屑,减轻了工人的劳动强度,保证了翻倒铁屑的工艺得以贯彻执行。

(2)增加工序和设备

为消除零件的毛刺、氧化皮,获得高质量的零件,我们不惜增加工序和设备。例如在凸轮轴和曲轴生产线上,经过磨床精加工后的

表面粗糙度一般都能达到图纸要求。但为了获得更高的质量,我们增加了抛光工序。我们自制了一台凸轮轴抛光机和一台曲轴抛光机。经抛光后的零件,表面粗糙度一般比图纸要求高出一级(从 $R_a0.4 \sim 0.6$ 提高到 $R_a0.3 \sim 0.5$)

还有一些轮辐为凹面的齿轮,原工艺规定对其热处理以后不用再加工,因此轮辐上就会有残留的氧化皮,人工清理很困难。为了彻底解决这个问题,我们增加了一道车凹面的工序,并相应增加了齿轮毛坯的厚度。

原连杆曲轴等零件经热处理后,表面残留的氧化皮也是影响整机清洁度的大问题,我们在热处理车间配备了一台 Q3525A 型抛丸转台,增加了热处理以后的抛丸工序。

曲轴油孔倒角质量直接影响到拉瓦的产生。以前我们是采用手工方法倒角去毛刺,一般用风动砂轮打磨,再用金相砂纸或油石摩擦,这样做不但工效低,而且容易误伤曲轴表面。经过反复试验,我们对曲轴油孔采取了抛光工艺。

具体做法:精磨前在台钻上用专用锪刀倒油孔角 $120° \times \nabla 12$,然后用一个改装的小风动砂轮机抛光。改装方法:用一个手持 S40A 型风动砂轮机,在夹持砂轮的地方换上一个 $\nabla 16$ 的橡皮轮(江苏省镇江市丹徒风动工具总厂出品),使用时将一块 $\nabla 16$ 的圆形砂布放在要倒角的孔口上,用风动砂轮的橡皮垫端面压在砂布上开机旋转。由于风动砂轮的转速极高(轮速为 $17000 \sim 20000$ r/min),砂布与孔口接触面大,压力适中,只需几秒钟即可抛好。孔口光洁度图纸要求 $\nabla 7$,实际达到 $\nabla 9$ 以上。

(3) 注意工序间的防锈

铁锈是零件质量的大敌,也是影响柴油机整机清洁度的重要因素之一。在机械加工过程中,要坚持"无锈防锈"的原则,不要等到零件生锈了再去"除锈防锈"。

以前在进行机械加工时用的冷却液多为锭子油、煤油,在零件转工序的过程中短期内不会生锈。由于国家的能源政策,目前已不允许用油类作为切削冷却液,于是各种各样的切削液应运而生。各种切削液的防锈性能不尽相同,决定采用哪种切削液之前必须做工艺试验。除试验切削液对刀具的磨损、对零件光洁度的影响之外,还要看其防锈性能如何。如果切削液防锈性能不佳或转工序时间较长,则还要另用防锈油处理。武柴工艺规定:车铣、刨、磨、锯采用 16-4 乳化防锈油,配比浓度为 $1\% \sim 4\%$,可在 $2 \sim 5$ d 内防锈。钻、铰、拉、攻采用 55$^\#$ 极压乳化防锈油,配比浓度为 10%,防锈 30 d。使用时可不必更换,只作添加。如果零件运转周期较长,或已加工好的零件入库后在短时期内不能装配的,则用 57-2 置换防锈油浸涂或刷涂。

4 热处理也要配合,勤漂洗防氧化

热处理工作质量的好坏,对整机清洁度的影响很大。例如,经硝盐回火和等温淬火后的零件(调速齿轮、启动轴、曲轴),都附着有残盐。这些硝盐本身就是一种极强的氧化剂,如不及时将其清理干净,它们就会吸收空气中的水分而潮解,对零件有很强的腐蚀作用。一般经过硝盐处理后的零件,工艺上都规定要用清水漂洗。如果热处理不严格按工艺规程操作,以后想要清除像曲轴深油孔中的残盐和锈迹将非常困难。因此,我们在抓柴油机整机清洁度的工作中,要求热处理车间积极配合。经硝盐处理后的零件要漂洗干净并浸涂防锈液,抛丸清除氧化皮后的零件也要浸涂防锈液。

5 装配前反复清洗,为保证清洁不厌其烦

武柴常见的清洗设备为清洗槽。清洗槽用普通金属容器制成,用电热管或蒸汽加热。常规清洗槽用武汉油脂化学厂出品的一枝花四型金属清洗剂,配比浓度为 $2\% \sim 5\%$,工作温度为 $50 \sim 80$ ℃。将

被清洗零件放在槽内浸泡，工人用毛刷清洗。在大批量生产中，通常采用输送式清洗机。对于一些在输送式清洗机内不易清洗干净的零件，例如各种油管（机油管、高压油管），我们设计了专用清洗机，专门用来清洗油管内腔。下面着重介绍一下气缸体和气缸盖的清洗工艺。

（1）气缸体清洗工艺

原气缸体的清洗是在输送式清洗机上进行的，工艺规定要变换气缸体的方向和角度进行二次清洗。但内部死角处仍不易清洗干净，一些脏物还可能存留在内腔。为了解决这个问题，我们设计制造了两台气缸体专用旋转式清洗机。气缸体被置于旋转架内，由齿轮齿条带动，可进行顺时针和逆时针两个方向的旋转。机内除上下左右有喷嘴射出清洗液以外，还有一组喷嘴伸入气缸体内，有针对性地对准内腔各个死角处喷射清洗。这样，气缸体在清洗机内边清洗边旋转，内外表面的脏物杂质都被冲洗下来并随水流走。

气缸体在清洗流水线上的工艺过程有五道工序：

① 吹净。在专用的气缸体吹风机内用压缩空气吹净铁屑，尤其是对一些螺孔有针对性地吹风。

② 第一次清洗。有专门的喷嘴从后盖面伸进气缸体内腔。

③ 第二次清洗。有专门的喷嘴从气缸套孔伸进气缸体内腔。

④ 第三次清洗。进入第一台旋转清洗机内清洗。

⑤ 第四次清洗。安排在压入了各种衬套、装好了主轴瓦以后，连同主轴承盖一起进入第二台旋转清洗机清洗。最后要吹干水滴，再进入总装线。

（2）气缸盖清洗工艺

气缸盖也要经过反复多次的清洗。在机械加工车间，待各孔加工完毕后，要用压缩空气吹净黏附在上面的铁屑，然后进入一台专用的清洗机内。清洗机有针对性地将喷嘴对准各孔喷射清洗液。盖头进入装配车间后又要进入输送式清洗机内被清洗一遍，然后进入部装。经过压装气门导管进排气门座,铰气门线。研磨气门后,在清洗槽内用人工清洗,重点是洗净气门圈上黏附的研磨膏。紧接着又进入第二台专用清洗机清洗,此次是连同盖头配磨好的气门一起清洗。经过多次清洗后的气缸盖再装上气门摇臂分总成,最后还要进入输送式清洗机内清洗一遍,才能进入总装线。

6 把好装配试车关,保证清洁质量

(1) 良好的总装环境有利于提高整机清洁度

经过仔细加工和清洗后的零部件会被送入总装车间。如果总装时没有干净、整洁的工作环境,即使清洗得很干净的零件仍有可能被再次弄脏。为柴油机的总装创造一个干净、整洁、舒适的环境是我们多年来梦寐以求的愿望。在"六五"计划期间,我们新建了带中央空调的封闭式装配车间,总建筑面积 2940 m^2,空调车间的封闭面积为 860 m^2,各种配套设施齐全。在新的总装车间投产时,我们对工位器具进行了增补,做到了所有的零件清洗以后不再落地。总装车间的人流、物流都有明确的路线规定,杜绝了除产品零件以外的任何杂物入内。严格的管理避免了异物进入柴油机内。

传统的柴油机生产厂中没有带中央空调的封闭式装配车间。我们的新车间投产以后,柴油机整机清洁度稳步提高。对于新的总装车间与柴油机整机清洁度之间的关系,我们的认识如下:

空气中的降尘对于柴油机清洁度的影响微乎其微。那么,良好的总装环境对于提高柴油机整机清洁度到底起了哪些作用呢?作用是间接的。例如,一个人在脏乱的集贸市场中,他可能会随地吐痰,乱扔烟头。而走进豪华宾馆时,他就不会这么随便了。这是因为环境会影响他的行为。舒适的环境让人感到很惬意,使人不愿去破坏它;庄重的环境会给人以压力,使人不敢去破坏它。同样,工人在宽敞明亮,甚至可以说是富丽堂皇的车间工作时,很容易遵守严格的规章制度,从而形成文明生产的作风,最终保证了柴油机的清洁度。

(2) 整机拆洗线的最后把关

试车以后的整机拆洗是控制柴油机整机清洁度的最后一关。我们自行设计制造了一条整机拆洗流水线,制定了相应的工艺规程。① 将经试车合格以后的柴油机用气吊吊上拆洗流水线,放尽机油,拆洗油底壳,然后放在专用的冲洗机上冲洗。冲洗机上的喷嘴向柴油机内喷射压力油,时间为 90 s。② 将被拆下的油底壳被送到清洗槽内清洗。③ 机油滤清器则要套在清洗机专用的喷头上冲洗,然后再放入清洗槽内清洗,并检查滤网有无破损。如有破损,应立即更换。④ 油底壳、机油滤清器都要擦干水后,才重新装上柴油机。到此为止,一台柴油机的整机清洁度才是令人放心的。

综上所述,按照格里希对清洁度的高要求,我们把柴油机的清洁度作为一个系统工程来抓。以上六点是六个子系统,只有从整个系统来考虑问题,面面俱到,同时又有重点、有步骤地逐个解决问题,才有可能收到成效。

附　录

附录 1　聂铁钢带领下的武柴

顾　祎　苏　航[*]

摘　要　格里希是我国改革开放后引进的第一位"洋厂长",他于 1986 年 11 月受聘两年期满,卸任回国。格里希离任后,武柴按照他制定的方案积极改革,迎来了更大的发展。在新任厂长聂铁钢的带领下,武柴通过采取构建三条线管理体制、狠抓 88 个质量管理点、引入先进的 TQC(total quality control,全面质量管理)思想等具体措施使武柴进入了新的发展阶段。但在当时来看,武柴要想取得长久、持续的发展,仍然需要克服重重困难。

关键词　武柴;格里希;三条线管理体制;TQC

1　引言

1986 年 11 月,原武柴厂长、联邦德国专家格里希受聘两年期满,卸任回国。格里希是我国改革开放后引进的第一位"洋厂长"。为此,武汉市委、市政府在他履行厂长职责期间给予了特别支持:市长、市委书记亲临武柴;市总工会、市纪律检查委员会、市经济委员会、市

---

*　苏航:女,江汉大学硕士研究生,研究方向为市场营销与战略管理。

机械局负责人联合组成"四人协调小组"并在武柴现场办公。武柴的相关部门及时出台"保证格里希厂长政令畅通、保证安定团结、保证国家任务完成"的"三保证"政策；给予格里希充分的管理权限。格里希制定了一套严格的人事管理、工资管理、质量管理、机构设置等制度，要求武柴员工改变思想和工作作风，为武柴发展献计献策。

　　临走时，格里希留下了这样一句话："我很清楚，作为中国人管理武柴，比我作为一个联邦德国人要困难得多。"

　　格里希回国后还在不断地为武柴操心，并在联邦德国寻找适合武柴发展的机会。他常常回忆起在武柴工作的日子，深知中国本土的厂长管理武柴必定困难重重，因为市委、市政府给予的优惠政策不可能长期存在。他担心他制定的管理政策会被调整，产品质量不稳定。武柴人也普遍担心格里希离任后他的管理思想会消失。但后来的实践证明，格里希的管理思想在延续，他苦心经营的武柴迎来了更大的发展，取得了丰硕成果。但由于存在各种管理问题，企业也面临着挑战。

2　新厂长聂铁钢走马上任

　　1985 年，为了有效支持格里希的工作，组织上安排聂铁钢[①]担任武柴总工程师兼技术副厂长，与"洋厂长"格里希一起共事，了解格里希的管理意图，陪同格里希一起下车间，互相探讨企业管理中的问题，尤其是深刻理解格里希的质量管理思想。格里希离任一个多月

---

　　① 聂铁钢于 1961 年 7 月毕业于吉林工业大学内燃机专业，1961 年 8 月在武汉汽轮机厂工作，1974 年 5 月到 1984 年 5 月任武汉汽车研究所副所长，1984 年 5 月到 1986 年 8 月被借调到西安汽车制造厂工作，1986 年 9 月任武柴技术副厂长兼副总工程师，1987 年 1 月到 1993 年 2 月任武柴厂长，1993 年 2 月到 1996 年 9 月任湖北省柴油机厂厂长。聂铁钢先生在工作岗位上进行了一系列重大的发动机技术创新和技术改造，不断深化企业改革，使得他成为发动机领域的技术专家和企业管理专家。

后的 1987 年 1 月 5 日，全厂 128 位职工代表参加了新厂长选举。聂铁钢以 95 票当选武柴新任厂长，成为格里希的继任者。

接任武柴厂长职务后，聂铁钢总是想着要把格里希没做完的事做完，这样才不辜负职工和国家的期望，不辜负格里希治理武柴的一片苦心。他说："我是下决心要把质量搞上去的，因为我这个人丢不起脸。格里希当厂长的时候报社、电视台、上级领导都来武柴，假如我一当厂长武柴就垮了，我这脸丢得起吗？这个责任担得起吗？我必须拼命地工作。"

聂铁钢说："在接任武柴厂长职务后，我也没有什么新招，格先生是怎么干的，我就怎么干，这样才能把格先生没做完的事做完，只有在照着干中才能把格先生的本事学到手。如果我口里说照着办，而行动上是另一个样子，那就辜负了国家和职工的希望，辜负了格先生治理武柴的一片苦心。"

3 危机出现

格里希的担忧并不是多余的。格里希刚刚离任不久，武柴就出现了产品检验不合格风波。格里希卸任后的半个月，即 1986 年 11 月 16 日，国家派出检查组例行检查武柴产品质量，对产品质量进行监督性抽查。国家标准规定，机器启动三次应三次成功，结果有两次不成功。还有一台柴油机最低稳定转速波动率超过标准 5 r/min，所以武柴的柴油机因常温启动不良被判为不合格。媒体也纷纷发文对这一情况进行了报道。一时间乌云密布，怎么格里希一走产品就不合格？突如其来的危机让所有人不知所措，这是无法理解的事情，沉浸在格里希的光环中的武柴人惊醒了。接下来，现场质量会议一个接着一个，大家认识到了问题的严重性，但还是无法从根本上解决问题。这次检验结果也令国家相关部门不满意，责令武柴整改。

4　全厂艰苦奋斗

4.1　建立"三条线"管理体制

新厂长聂铁钢上任后严格执行格里希的治厂理念,在武柴推行"三条线"的新体制,强调"三条线"(质量、技术、经营)的企业管理体制。

首先,他按照质量负责人、技术负责人、经营负责人三条线调整了全厂机构,把全厂职工分别纳入三条线序列中,三个负责人是厂长的三根支柱,都对厂长负责。

其次,聂铁钢还规定,三条线的负责人每天要以工作日志方式向厂长简要汇报自己的工作,一次不提交罚款两元。在工作日志中必须把重大问题提出来,由厂长决策。

三条线确定后,聂铁钢奖罚分明,说到做到,不论是谁,没按照厂长要求做的都要受到公开批评,极大地调动了全厂职工的积极性。

最后,聂铁钢恢复了格里希规定的每天早上的碰头会。厂长和书记要与质检、总装、工艺的几位科长一起,集中前一天的质量问题,提出改进方案并实施。采用这种方法后,实际工作中存在的生产与技术、产量与质量、生产与供销等矛盾有机地统一起来了,以前各职能部门条块分割、内耗的情况消失了,工作效率提高了,企业活力增强了。

工厂的管理层次清晰了,责任明确了,政令畅通了,各级领导干部由原来的 84 人减少到 53 人(主办科员 20 人)。成立了厂长秘书办公室,让秘书集中办公,他们每天要全面了解工厂生产、质量、经营各方面的情况,每天向厂长提供各方面的综合日报,对统计、核算工作进行分析。另外,为三条线的负责人各配备了一名助手。

4.2 狠抓 88 个质量管理点

企业生存的关键是质量,聂铁钢上任后,延续格里希对质量的高要求,狠抓质量管理。例如,格里希在任时一直非常注重对整机清洁度的管理,他认为,整机清洁度的好坏是整机质量好坏的关键。在这个问题上,格里希不同意我国采用的在试车、清洗后取样来判断清洁度的办法,而要求在试车后、清洗前取样。这样不仅可以保证产品出厂后的质量,也可暴露生产全过程中的工作质量问题。没有生产全过程的高质量,就无法保证清洁度指标良好,因此,按洋厂长要求的办法检查清洁度,就成了一项重要工作。

为此,聂铁钢向格里希学习,到不同的岗位去发现问题,并采取解决措施。他鼓励全厂工人学习格里希抓质量的思想,在不同岗位上对质量进行追踪与研究,得出格里希最常去的 86 个岗位。聂铁钢把这 86 个岗位作为质量检查的重点对象进行严格管控,并在管控实践中将 86 个管控点增加到 88 个质量管控点,建立了从小组、车间到厂部的三级质量管理网。他对这些岗位明确提出了质量要求,并要求每日进行质量报告。这样的制度使这些重点岗位的工人们明白了质量管理的重要性,并明确了相关操作的质量要求和技术标准。由此,全厂形成了自上而下抓质量的良好氛围,使武柴的生产线变得系统、规范,极大地提高了产品的质量。

4.3 用先进的全面质量思想管理产品质量

全面质量管理是一种综合性的、全面的管理方式和理念。全面质量管理以产品质量为核心,以全员参与为基础,其根本目的是通过顾客满意来实现组织的长期、良好运行,增加组织全体成员及全社会的利益。在聂铁钢办公室的墙上,挂着"厂际质量管理系统网络图""厂内三级质量管理系统网络图""废品率波动图""质量波动图""厂全方位检验工作流程图"。聂铁钢就是这样学习格里希的质量管理方法,用先进的全面质量思想管理产品质量,使武柴的质量管理迈上了一个新的台阶。

4.4 狠抓企业升级和职工培训

聂铁钢在抓企业升级的工作中,按照"求实"的精神,不搞"花架子",扎扎实实地从整顿基础工作抓起,于1987年6月就实现了计量定级。组织力量整顿和完善各项材料消耗定额、工时定额、厂内计划价格,进一步整顿全厂的统计、核算系统。

武柴还成立了职工培训中心,由聂铁钢担任主任。另外,配备了一名专职副主任,全面负责职工、干部的技术、专业知识的培训。厂长一抓质量,二抓培训,也就是说,产品的质量和职工的素质都由厂长亲自抓。

4.5 柔性落实格里希的既定方案

柔性落实格里希管理方案到车间、科室和班组。一是按照格里希管理方案的要求,逐步把各车间的调度员和厂内运输车辆集中到生产科,强化生产指挥系统,提高设备使用率;二是按照格里希管理方案的要求,将各车间技术人员集中于工艺科,但根据工厂实际情况,厂领导决定将大部分技术人员集中,各单位留少量的人员解决自身的技术问题,这部分人员的业务考核统一划归工艺科负责;三是格里希厂长管理方案要求将全部维修人员集中,但考虑到武柴设备老化严重,维修频率高,维修人员素质差,集中后会直接影响生产,因此,暂不集中。另外,关于各班组人员的定编,由劳动人事科参照格里希管理方案要求重新确认。

4.6 不断开发新产品

为了提高武柴产品的市场占有率,武柴采取了两项措施:一方面,积极增加195柴油机的变型品种和加速实现S1100柴油机的批量生产;另一方面,通过格里希与联邦德国的联系,厂部派人赴联邦德国哈兹公司考察,准备引进 E950 型单缸、立式、风冷、直喷式柴油机,并通过长江动力公司,向各有关领导部门报送《技术引进申报书》。但非常遗憾的是,该努力没有结果。

4.7 妥善处理内部矛盾

武柴员工中夫妻在本厂、兄弟姐妹在本厂、婆媳在本厂的情况很多。在打破关系网、消除"窝里斗"方面,聂铁钢掌握了一个要诀——"难得糊涂"。"你说对方的过,我就讲对方的功。"聂铁钢在大会上声明,"找我讲建议、讲工作、讲改革,讲一天、两天我都听。讲人事纠纷,一句话我也不听。"这样一来,内耗消除了,尽责、尽职、尽力的工作作风逐步形成了。

4.8 学习格里希的精神

聂铁钢曾经说过:"我的终极思想就是学习格里希的精神。格里希还回宾馆睡觉,我 24 小时在厂里;格里希很少去试验室,我去,因为我是柴油机专业毕业的,我心里有底。"

受格里希工作精神的影响,聂铁钢几乎把全部的时间都用在了工作上。白天,他投身于车间、班组之间,亲自了解生产情况和质量问题;晚上,他翻阅全厂部门领导的工作日志,组织召开办公会议;周末,他向上级领导汇报工作,进行配件厂的调查与管理工作。

4.9 建立工作日志制度

格里希有写工作日志的习惯,聂铁钢把它发扬光大了。在聂铁钢的工作日志里,每天都记载着已发现的质量问题,记录着解决这些问题的办法和处理的结果;在每天的工作例会和质量碰头会上,聂铁钢深入浅出、"一语道破天机"的发言令人佩服;他也对柴油机的整机清洁度高度重视,许多地方记载着抽查整机清洁度的柴油机机号和抽查结果;在他的工作日志中还可以看到许多国内外柴油机市场的情报和武柴的生产经营动态。

聂铁钢把全厂的质量、生产和管理三件大事有机地结合起来了,抓得扎扎实实,步步都见到了成效,武柴 1987 年的质量、产量、销量都得到了提高。在聂铁钢的带动下,武柴所有管理干部自觉撰写工作日志,工作日志已成为各级领导了解情况、检查工作、布置任务、考察干部的一种好形式。

5　再创传奇

1987 年"五一国际劳动节"前,国家机械委(1988 年被撤销)派人来到武柴,他们不经接待、介绍,径直来到仓库,封了 6 台柴油机。连续三天,那几位来自上海的专家,对每台机器的性能、功率、扭矩、油耗、调速率、整机清洁度等一一进行了检查、核准。结果每台柴油机的质量都达到或超过了国优标准。

随后,洛阳拖拉机研究所(现为第一拖拉机制造厂)的代表又来武柴进行生产许可证复查。他们打开柴油机的全部零件,从精度、工艺到刀具、量具等,整整查了一个星期。结果,武柴的产品又是国优。在一年的时间里,武柴先后接受了八次检查,次次是国优。

经过国家机械委、洛阳拖拉机研究所代表来厂进行生产许可证复查和内燃机产品质量监测中心来厂进行产品质量监督抽查的复查,武柴柴油机的各项性能指标都达到了优等品水平,特别是格里希一直非常关注的那些质量指标,如整机清洁度,稳定在 50 毫克以内,大大低于国家规定的 138 毫克的优等品标准,在全国同行业中处于领先地位;启动性能良好,每次启动时间均在 1.5～2.8 秒之间,比优等品标准 30 秒短得多;标定工况燃油消耗率称定在 180 克/(马力·小时)以内,比优等品标准 184 克/(马力·小时)低。销售综合废品率从 1985 年同期的 24.1% 降到 14.09%,销售返修率从 1985 年同期的

2.4％降到 1.59％。武柴步入了一个新的快速发展阶段。

6 问题尚存

6.1 员工素质有待提高

武柴存在员工素质有待提高和专业技能欠缺的问题,而格里希厂长为武柴制定的方案对每一个员工都有严格的要求。为此,武柴先后对管理干部进行管理知识培训,对车间主任和调度员进行上岗培训,但仍然与格里希的要求相差甚远。这样的问题迫使武柴在执行原方案时不得不做出一些调整和妥协。

6.2 设备状况无法适应新形势

武柴面临设备技术水平差、设备年代久远的问题。全面执行格里希为武柴制定的方案,必须不断提高对产品质量的要求,更多地依赖先进的设备。武柴在这点上也尝试做出改进,如在技术改造上取得了进步,但是由于问题存在时间久远,这样的情况很难彻底改变。

6.3 生产计划被动

1987 年武柴计划生产 40000 台柴油机,但指令性计划只有 17000 台,其余的 23000 台所需要的原材料全部依靠市场调节,按市场价格购买。计划价格与市场价格的差异达到 79.27 万元,单台成本将提高 34.44 元。这样,企业增产不一定能达到增收的目的,加上农机行业本身利润很低,因此,要想在利润上取得较大的成绩,是很困难的,但武柴必须走市场化的道路,通过技术改造和管理水平的提高来争取成本降低,为企业创造更多利润。

6.4 产品出口受阻

格里希的意愿是让武柴柴油机产品走向世界。在实现这个目标时,外贸系统与外商之间在包装等问题上没有真正统一思路、出口配额受限及产品质量问题,对武柴进一步扩大出口造成了严重影响。

6.5 领导班子频繁变动

企业良性循环离不开企业人员稳定,企业领导班子频繁变动不利于企业各部门之间的良好配合以及管理层与基层员工的有效沟通。武柴领导班子尤其是主要领导人的频繁变动,使得武柴在制度上没有连续性,造成工作目标不明确、工作流程不稳定、工作方案得不到有效执行,让武柴一次又一次陷入被动状态,不利于武柴的可持续发展。

附录 2　关于武汉柴油机厂改制

梁　东　赵晨薇

摘　要　在新的历史起点上,深化国有企业改革、发展混合所有制经济、建设全球竞争力一流的国有企业是建设社会主义现代化强国的重要任务。梳理、剖析武汉柴油机厂的改制案例对于深化国有企业改革,做大做强国有资本,实现"两个一百年"奋斗目标具有重要意义。本研究在概述国有企业改革背景的基础上,较为详细地介绍了武汉柴油机厂的历史沿革,从内外环境变化方面分析了武汉柴油机厂改制的必然性,并在此基础上梳理了国有企业改革带来的借鉴意义,以期为中国国有企业未来高质量发展提供参考。

关键词　国有企业;企业改制;武汉柴油机厂;必然性分析

1　引言

我国国有企业是国民经济的支柱,在建设中国特色社会主义市场经济中占据着重要地位,起到了不可替代的作用。40多年来,中央及各地方政府积极支持国有企业改革,大力推进国有企业体制机制创新,在改革重点领域和关键环节取得了显著成效。当前,国有企业发展中仍然存在诸多问题,国有企业改革还有漫长的征程,怎样更广范围、更深层次、更大力度推动改革仍将长期是中国经济体制改革的重点任务。习近平总书记在十九大报告中强调,要深化国有企业改革,发展混合所有制经济。这为国有企业改革指明了前进方向,提供了行动遵循。国有企业改制是国有企业改革的重点环节,将有助于进一步优化生产资源配置,提高生产效率和经营业绩,增强企业的全球竞争力。

武汉柴油机厂(以下简称武柴)是 20 世纪 50 年代成立的国营工厂,是第一代手扶拖拉机生产企业,深受武汉市政府重视。1984 年,武柴引进中国第一位"洋厂长"——格里希。在格里希的严格治理下,武柴的生产和经营状况明显改善,产品向东南亚 7 个国家出口。20 世纪 90 年代,面对日新月异的市场环境,武柴却难以为继,最终进行资产重组改制。本研究在梳理、回顾国有企业改革背景与武柴历史沿革的基础上,对武柴改制的必然性进行详细解析,并指出了武柴改制对国有企业改革的借鉴意义,以期帮助深入改革国有企业,逐步优化国有经济布局,提高国有经济运行质量。

2 国有企业改制

为增强国有资本功能,提高国有经济市场竞争力,国有企业从 20 世纪 70 年代末开始"摸着石头过河",开启了对改革之路的探索。国有企业改制是国有企业改革的重点环节。学术界对国有企业改制并没有统一的定义。国有企业改制是更深层次的国有企业改革,期望通过企业形式、所有制结构和基本制度或部分基本制度的变化,改变原有国有企业的体制和经营方式,以便适应社会主义市场经济的发展。

3 武柴历史沿革

3.1 武柴的前身

武柴的前身是武汉市开明铁工厂股份有限公司,该公司成立于

1952 年,由冠昌、公记、周义兴等 17 家私营机械厂联合组成。这些私营机械厂大多是清宣统年间兴办的家庭作坊式私营企业,因厂房狭小,设备简陋,只能从事一般的机械加工、维修等简单业务。中华人民共和国成立后,国家对私营企业进行改造,同时投入资金建厂房,购设备,招聘工人和技术人员,形成规模化生产和经营。1957 年 6 月,武汉市开明铁工厂股份有限公司改名为武汉柴油机厂,主要开展柴油机制造、原材料和辅助材料进口及产品出口等业务。其生产的 12 马力的 195 型柴油机,被广泛应用于手扶拖拉机、机耕船、翻斗车、机帆船、一吨农用汽车、排灌设备和发电机组等。

3.2　第一代手扶拖拉机生产企业

1956 年底,在日本工业品展览会上,武柴厂长看到了日本久保田公司制造的手扶拖拉机。他带回的两张手扶拖拉机的广告图片,一下子吸引了厂里的职工。职工们带着为实现农业机械化作贡献的决心,萌发了制造中国手扶拖拉机的愿望。当时工厂设备简陋,技术力量薄弱(全厂仅有 8 名技术人员),厂里组织了三个团队分头进行手扶拖拉机设计。工程师陈昌池先生和归国华侨黄敏先生根据日本制造的拖拉机的照片,进行测量、计算、绘制图纸;工人们硬是一锯一锉地把手扶拖拉机加工了出来,并且试车成功。

1958 年 4 月 11 日,毛泽东主席在武汉期间,在东湖接见了陈昌池和黄敏。当看到试制成功的中国第一台手扶拖拉机时,毛主席连声称赞:"好! 好!"对工人的创造精神给予了高度赞扬。武柴成功试制出我国第一台小型拖拉机,为实现农业机械化作出了重要的贡献。

3.3　第一家"全国大庆式先进企业"

1961 年武柴曾改名为武汉小型拖拉机厂,1963 年又更名为武汉柴油机厂。从那以后,武柴踏上了专业化生产柴油机的道路。为使柴油机尽快上马,武柴继续发扬自力更生、艰苦奋斗的精神,大搞技术革新和工艺装备改造。仅用两年多的时间,武柴就自制了专用机床 170 多台、工艺装备近千套,建成了 7 条生产流水线,在全国率先形成了年产万台 195 型柴油机的生产能力。1965 年武柴在我国率先制造了"长江-195 型"柴油机,当年投产即生产出万台柴油机,年产达到5000 台规模,被国务院授予"全国大庆式先进企业"。

3.4   中国第一位"洋厂长"

1984 年的武柴是一个国营工厂,有职工 2000 人左右,生产 12 马力的 195 型柴油机。但 1984 年武柴的生产发展与新的形势很不适应:企业管理混乱、劳动纪律松弛、产品质量滑坡、生产效率低下。那时改革开放的大门刚刚打开,武柴是武汉市的先进典型单位,武汉市委将武柴作为改革开放引进人才的试点单位。为改变落后的生产现状,武柴引进国外智力专家格里希任厂长。作为中国第一位"洋厂长",格里希任职期间从严治厂,引进国外以质量、市场为核心的管理理念,改变了工厂管理落后、产品质量低劣的面貌,使武柴生产的柴油机实现了向东南亚 7 个国家批量出口。

3.5   格里希离开之后的武柴

20 世纪 90 年代后期,企业成为适应市场的竞争主体,国家不再是国有企业的保姆,没有了之前政府的支持,企业生存主要靠自己。1986 年格里希离任后,格里希尽心竭力建立起来的质量管理体系名存实亡,武柴的产品质量逐渐下降,企业实力大不如从前。洛阳拖拉机厂于 1988 年订购了一批柴油机,但是在检验阶段,武柴精心挑选的十台柴油机全部不合格。雪上加霜的是,1990 年,东南亚国家订购的一批产品被质检部门认定全部不合格,他们第二年也不再向武柴订购任何产品。武柴在 1986 年被长江动力公司接管,不再隶属当时的上级管理部门——武汉市机械局(现已并入武汉市发展改革委员会),格里希之后上任的厂长也不能得到上级部门的"特殊关照",与传统体制彻底脱钩,武柴当时的管理模式与生产方式不能适应市场竞争,逐渐衰落。

3.6 武柴改制结果

20世纪90年代,由于传统企业生存的社会环境、经济环境发生了变化,传统国有企业开始进行资产重组与改制,武柴也被卷入这场国企改革浪潮中。1993年,武柴开始亏损;1996年,武柴停产改制,职工下岗;2002年,武柴改制完成;2004年,武柴变卖完所有设备,清厂交地,武柴不复存在了。

4 武柴改制的必然性分析

4.1 传统国有体制缺陷

武柴改制的根本原因是企业自身难以适应社会主义市场经济的发展。武柴长期以来的经营管理模式是根据高度集中的计划经济体制建立的。这种国有体制存在很多缺陷,主要有以下四个方面:

4.1.1 产权结构存在缺陷

产权结构指的是企业的资产组成,主要分为一元化产权结构和多元化产权结构。一元化产权结构主要指投资主体仅一个。多元化产权结构则相反,即出资人多元化。武柴的产权结构是典型的一元化产权结构,产权主体唯一,产权具有不可分割性和不可流动性。武柴所有财产归国家所有,任何社会人员不得独自也不能共同直接占有国家财产。在这种情况下,武柴既不能形成有效的激励机制,也无法建立强有力的约束机制,既无法形成发展的内在动力,也毫无外在压力。长此以往,武柴衰落是必然趋势。

4.1.2 管理体制存在弊端

企业的管理体制是企业生产经营活动的管理机制、管理机构、管理制度的总称。传统的国有企业管理体制是"全民所有,国家统负盈亏"。在传统的管理体制下,武柴无法根据市场需求的变化进行生产经营的调整,企业不具备经营自主权与决策权,产销脱节,无法实现资源的有效配置。

4.1.3 社会负担和经济负担重

在计划经济体制下,由于政企不分,很多本应由政府和保险机构提供的服务变成国有企业的福利待遇,国有企业实际上成了政府机构的附属品。此外,国有企业的福利待遇远远高于非国有企业的,源源不断地吸引着劳动者进入,原国有企业的员工更不会离开国有企业,造成国有企业职工规模不断扩大,企业冗员问题逐渐加重。作为典型的国有工厂,武柴需要担负沉重的福利包袱和冗员经济负担,无法与其他所有制企业公平地进行市场竞争。

4.1.4 企业领导人任命随意

国有企业更换领导人没有明确的要求,更换的随意性较大。首先,领导人的更换没有明确的标准,尽管有些领导人的业绩良好,却有可能因为与企业主管部门领导人的关系不和睦而被免职。其次,领导人的更换也没有硬性约束机制,领导人的能力素质并无明确规定。往往是现任领导人下台后,新任领导人的能力反而不如前任的。武柴在格里希退休之后,厂长被频繁更换。虽然他们也曾尽力为武柴发展做出努力,但由于无实权和更迭频繁,生产政策与行为短期化,难以取得明显成效。

4.2 市场竞争激烈

随着改革开放的深入,社会主义市场经济的不断发展,国家对非国有企业大力支持,国有企业面临严峻的市场竞争。武柴从 20 世纪 60 年代开始生产单缸柴油机,是机械部指定的单缸柴油机生产厂家。20 世纪 80 年代中后期,全国单缸柴油机出现供过于求的情况,单缸柴油机的生产厂家之间竞争激烈。与此同时,单缸柴油机市场急剧萎缩,湖北市场也不例外。面临激烈的市场竞争,武柴没有对目标市场进行选择与细分,市场定位、产品定位及企业定位不够明确。直到 20 世纪 90 年代,武柴还在采用无差别的目标市场策略。

4.3 竞争优势丧失

良好的产业环境和核心能力是国有企业形成竞争优势的关键。20 世纪 80 年代后期,武汉作为全国老工业基地,许多中小型国有企业陷入经营困境,面临破产,大多数工业设备流向江浙地区,有些设备则作为废品被变卖。在社会主义市场经济发展初期,武汉民营制造加工企业一直未形成规模和体系,微型企业是大规模制造企业健康发展必不可少的细胞。柴油机产业链上游的微型企业数量极少,且大部分是政府扶持的国有企业、集体企业,它们先天发育不足,后天重病缠身,无法满足武柴对大量、优质、廉价的原材料和零件的需求。落后的产业环境导致武柴无法实现规模化、市场化经营。此外,武柴在格里希离开后,产品质量有所下降,同时由于长时间没有技术革新,无法规模化生产,生产成本高,逐渐丧失企业核心竞争力,失去竞争优势。

4.4 企业内部纠纷不断

企业凝聚力是一种无形的力量,是企业生存和发展的重要因素,也是企业不断壮大的动力。面对新的市场环境,武柴陷入了质量与技术之争、质量与产量之争、质量与市场空间之争的困境。由于市场萎缩、消费者零星投诉以及沿海竞争对手的市场向内地快速扩张,武柴人的神经受到极大的刺激。武柴质量负责人和工人之间、质量负责人和技术人员之间、销售人员和质量负责人之间相互抱怨和不信任。他们认为武柴的衰落是对方不够努力和缺乏责任感造成的。企业外部环境的巨变和内部管理的混乱导致武柴企业凝聚力严重弱化,内部纠纷不断。

4.5　生产技术落后

科技创新是社会持续发展的原动力,更是企业和产品延续生命的源泉。武柴曾经为了产品和技术创新进行过努力,但都无疾而终。1990 年,在前厂长格里希的帮助下,武柴计划引进德国更为先进的FL1011 风油冷柴油机技术,德国政府更是愿意为武柴提供低息贷款。武柴对该项目进行了仔细、深入的论证。然而,在报送武汉市政府时,由于配套资金及其他原因,这个本可以极大改进武柴生产技术的项目无疾而终。此外,武柴也曾在 1991 年时尝试对美国的柴油机产品进行全方位的技术工艺分析,由于当时整体工业技术落后,武柴最终不得已放弃对该产品和技术的引进。武柴生产技术落后,最终未能赶上市场经济发展的早班车,被时代潮流所抛弃。

5　武柴改制的启示

随着"十四五"时期《国企改革三年行动方案(2020—2022)》政策的出台,全国国有企业混合所有制改革全面深入推进,国有企业改革不断深化。武柴资产重组改制对于正在转型中的国有企业有着一定的借鉴意义。

5.1 深化国有企业混合所有制改革

深化混合所有制改革,有助于优化企业产业结构,优化资源配置,提高企业效益,激发企业活力。民营资本和国有资产不同所有制经济之间不是博弈竞争,而是相互合作、扬长避短、互利共赢。此外,资本主体的多元化和社会化也将在更大范围内推动经济增长。发展混合所有制经济将推动更多社会资源参与经济活动,增加我国财政收入,还将为社会提供更多的就业机会,解决社会就业难问题,从而促进社会经济发展。

5.2 健全国有企业管理体制

国有企业需要根据现代公司治理结构进行根本性改革,提高内部管理水平,完善企业治理结构。国有企业资产管理部门要放开"手脚",有效消除行政色彩,全面推进国有企业与市场的衔接;要求企业各级管理人员分工明确,切实履行各自职责;独立培养或引进善于经营、管理、规划的管理者和职业经理人,使董事会和管理层在企业战略决策和经营管理中起到决定性作用;构建科学有效的公司治理体系,真正实现政企分离、社企分开、党企分工、自主经营、独立管理。

5.3 善于开拓产品市场

随着"一带一路"倡议的实施,我国国有企业面临的市场逐渐国际化。面对国内外日益激烈的市场竞争,国有企业应当转变传统经营理念,树立以客户需求为导向的新营销观念,增强市场竞争意识,提升自身适应能力与应变能力,抓住机遇,善于发现并开拓潜在市场,及时调整营销战略与策略,创造条件将企业产品推向国际市场。

5.4　多方构建竞争优势

国有企业的竞争优势主要来源于产业环境和核心能力。随着工业化进程的不断推进,市场规模不断扩大,生产过程的标准化与自动化,合理的产业组织结构和相对集中的企业布局能够帮助企业实现专业化分工和规模化生产。行业与行业之间、地区与地区之间、企业与企业之间的合作与分工能够形成企业的成本优势,最大限度地提高企业的竞争力。国有企业应该从技术创新、多样化经营、人力资源管理及企业形象提升等方面提升核心能力,综合外部产业环境和自身核心能力制定竞争战略,保持自己的竞争优势。

5.5　创新引领发展

当今科技日新月异,科技创新引领世界发展,我国国有企业应该树立创新意识,依托技术创新引领我国科技发展走在世界前列。技术创新需要管理创新的保障,国有企业应该优化配置资源,创新企业管理体系,优化组织结构,让企业管理体系为创新保驾护航。技术创新是核心,国有企业可以有效结合自主创新和合作创新,通过"产学研"结合、企业合作、项目联合等方式开展技术创新。此外,创新应该以人为本,企业需加强技术创新团队的培养与建设,营造创新企业文化,释放企业创新活力。

6　结语

面对当前日益复杂的国际环境和世界经济形势,作为我国国民经济的重要支柱,国有企业面临着严峻的挑战,出现了政企不分、产权改革不健全、内部治理结构僵化等主要改革问题,全面深化国有企业改革任务刻不容缓。20 世纪 90 年代,武柴面对急剧变化的市场环境,受传统国有体制束缚,生产技术落后,企业凝聚力弱化,逐渐失去竞争优势,最终进行改制重组。在新时代背景下,国有企业应汲取武柴改制经验,坚持深化混合所有制改革,健全国有企业管理体制,提升企业创新能力,积极开拓国际国内两个市场,形成自身独特的竞争优势,实现高质量的可持续发展。

附录 3　与格里希共事的那段经历

万远淦

摘　要　作为与格里希共事较多的同事之一,笔者以第一视角讲述了鲜为人知的格里希的故事,包括格里希到武柴任职的缘起,格里希任职后的改革措施,笔者与格里希的江南之行以及格里希的凡人趣事。

关键词　洋厂长;制度改革;凡人趣事

1　引言

1984 年 11 月 1 日,武汉市聘请联邦德国专家格里希为武汉柴油机厂厂长,从此中国第一位"洋厂长"格里希便闻名全国。2018 年 12 月 18 日,党中央、国务院在纪念改革开放 40 周年大会上授予格里希中国改革友谊奖章,再一次把格里希推上媒体头条。每当看到那些媒体的报道时,我就会想起与格里希一起共事的那段经历。接下来我要把我知道的格里希,一个有血有肉、活生生的可爱的德国老头的故事讲出来与大家分享。

2　格里希任职期间我的所见所闻

我是在 1983 年从武柴三车间技术组被调到总工程师办公室(以

下简称总师办)的。当时,武柴的技术改造项目被纳入了国家五年计划的大框架内,需要一个既懂技术又能写的人来编制工厂的"六五"后三年技术改造计划以及"七五"规划,于是就把我调到总师办。总师办只有三个人:总工程师赵海音、总师办主任文远海和我。我们被戏称为"总师办三驾马车"。为了我厂的规划获得批准,我几乎每个月都要去北京的机械工业部出差。我在总师办工作期间,还主持了行业协会的年会,邀请全国生产小型柴油机的工厂到武汉开会,地点就在东湖宾馆。能在这里召开行业协会的年会,说明当时武柴在全国同行业中的地位很高。所以说格里希到武柴之前,武柴绝不是满目疮痍、破败不堪,而是处于历史上发展得较好的一个时期。

2.1 武柴引进格里希的初衷

1984 年适逢我国改革开放初期,武汉市与德国杜伊斯堡市结为友好城市,武汉市外办邀请了一批联邦德国专家援汉。于是,总工程师赵海音(又称赵总)邀请联邦德国专家格里希来厂当顾问,帮助武柴提高产品质量。他的初衷是请格里希帮助武柴在技术改造中再上一层楼,纯粹是从技术角度考虑这件事的。

2.2 关于总工程师赵海音被解聘

事情的发展完全出乎赵总的意外。到武汉来的联邦德国专家不止格里希一人,别的专家都是这里走走,那里看看,提点意见,之后就回去了。格里希跟别人不一样,他眼里容不得沙子,看到不顺眼的地方就要说。那么他说的是一些什么事呢? 就是看不惯我们工作不认真。比如,工人不遵守劳动纪律,迟到早退,上班时聊天,不按工艺规程操作,做事马马虎虎。这些现象在那时的国企司空见惯。在我们工厂,这些都不是归总工程师管的事。赵总希望他在技术上多提意见,他当然也提了不少,赵总对其他的并不在意,因为不是赵总希望听到的。至少在我看来,都是一些操作层面上的小事,不是重大的技术改造建议。但是格里希认为这些事都不是小事,责怪赵总不管,还说:"要是我当厂长,就不允许这些事发生。"大家都知道,总工程师在工厂是副厂级,上有党委书记、厂长,还有分管各部门的副厂长。总工程师在厂级干部里面说话的分量是最轻的。格里希所说的绝大部分问题都是管理方面的,而且触及了国营企业的体制问题。所以格里希与赵总想的不在一个频道上。分歧从此产生。格里希上任成为中国第一位"洋厂长"以后,第一个要开除的人就是赵总,把赵总当成了国企管理水平混乱、产品质量低下的责任人。

时间到了 1984 年 11 月 15 日,格里希就正式宣布开除赵海音总工程师的这一决定。他直接对赵海音说:"我再也不想见到你了!"武汉市委既然决定聘请他当厂长,就必须答应他的条件。据翻译余维浩回忆,吴官正市长跟他商量,能否把"Entlassung"(德语中通常是指开除)这个词换一个译法,后来在官方文件中就写成"解雇"。而格里希对赵海音说的那句话,余维浩并没有直译给赵总听。余维浩非常敬重赵总,赵总被开除,他心里很难过。1984 年 11 月 15 日以后,赵海音彻底从武柴消失,从此以后余维浩也没见过赵总,这成为他心中的遗憾。我退休后曾见过赵总,他那时已身患胃癌,瘦弱不堪,我们就再也没有提那些使他伤心的日子。

赵海音原来在银行工作,中华人民共和国成立以后,国家为培养经济建设方面的人才,从各行各业选调优秀青年上大学(调干生),他被选调到原武汉工学院学习。他毕业以后到"全国大庆式先进企业"的武汉柴油机厂当总工程师,是武汉市优秀青年干部,被列为武汉市市长候选人。

赵海音真的犯了多么大的错误而要被开除吗?一个工厂的厂长真的有权力开除总工程师吗?事情的真相不是新闻报道中所说的那样。为了满足格里希的要求,武汉市委领导(市委驻武柴工作组组长是李梅芳)找赵总谈话,要他顾全大局。赵总名义上被格里希开除了,实际上是调走了,到新单位仍然是总工程师,级别和待遇都不变。

赵海音也是共产党员,懂得为大局忍辱负重,从此离开武柴。

我认为,开除总工程师这件事应该是象征国企改革攻坚战的一声炮响,政治意义大于经济意义。

赵总几年前因胃癌去世。听到他去世的消息时,我脑子里浮现出当年我们一起坐绿皮火车的硬座到北京出差的情景。当时他因胃病而痛得满头大汗,我要给他去补一张卧铺票他不同意,他一直坚持到北京。在武柴,当我们一起加班到深夜、一起去职工澡堂洗澡时,赵总才放开喉咙高歌一曲,以释放一天紧张工作的压力。赵海音用他的一生证明了他是一个正直的知识分子,是党的好干部!

2.3 新任总工程师文远海

这一张照片(图1)拍于1984年冬天。格里希与新任总工程师文远海一起研究柴油机曲轴图纸。在赵海音邀请格里希来武柴当顾问的时候,赵海音就指派文远海接待他,格里希提出的咨询意见都是反映到他那里,再由他处理。所以文远海一天到晚都跟着格里希在车间里转,对格里希提出的意见反应迅速,处理得当,格里希对他的印象很好。

图1 格里希与文远海
(图片来源:Bernd Gerich)

赵海音被解雇后,组织部门挑选接班人时自然就想到总师办主任文远海。组织部门在与赵总谈话的同时,也找文远海谈话,希望他接任总工程师。现存档案中格里希的很多工作照片中都有文总的身影。前段时间我为了写回忆录还跟他见面长谈,回忆起了与格里希一起共事的那些日子。我对格里希的印象为:他好像是钟表里面的发条,他一开始转,整个钟表里面的齿轮都开始转,想停都停不下来。文总跟随格里希干了两年,深得格里希好评。

开除总工程师成为中国当时的头条新闻,文远海也跟赵海音一起被推上风口浪尖。文总为人处世非常低调,一直都是积极工作,默默无闻。其实在那个时代,赵海音和文远海都是技术水平很高、很敬业、很正直的工程师,文远海先生早年毕业于汉口机器制造学校(后更名为武汉机械工业学院,再后来被撤销)。该学校是一座享有盛名的机械中专,为中华人民共和国成立初期的中国机械工业培养了大量的工程技术人才。武柴的第一批技术员工程师乃至技术副厂长都是从这个学校毕业的。文先生现已是耄耋高龄,身体依然健康。

2.4　总工程师的更迭——聂铁钢上任

在"洋厂长"格里希被舆论推上顶峰以后,武柴就成了一个烫手的山芋。格里希的任期只有两年,他卸任以后谁来接班是一个大问题。稍有常识的人都知道,"洋厂长"已经把武柴的厂长做到了极致,再要中国人来当厂长,谁都难以做得更好。但此时武汉长动公司对武柴却志在必得,格里希还没走,该公司就接管了武柴,并派来了一位总工程师聂铁钢,把文远海调到标准件总厂去了。自从赵海音被开除,文远海升任总工后,格里希把我调到工艺科,因为总师办不存在了。那时我在工艺科任副科长,专门负责技术改造方面的一个重大项目,就是安装调试带有中央空调的无尘总装车间。除基建工程项目以外,那个项目当时在武汉市的工厂中是唯一的,聂铁钢是一位非常懂技术并且善于管理的工程师,他深知那个项目的重要性,全力支持和放手让我去实施这一项目。武柴现代化的柴油机总装车间是在格里希走了以后聂铁钢当厂长时才完成的。那个项目的上马对武柴的产品质量,尤其是格里希强调的柴油机清洁度的提高,起到了决定性的作用。而那个项目就是"六五"计划里面的项目,以后就没有人再提起那个重大项目是赵总在任时期的产物,由于我是那个项目从头到尾的亲历者,知道个中的艰辛。

3 对格里希的进一步认识

3.1 格里希不仅仅是一位"质量先生"

在武柴技术改造被纳入国家五年计划后,总工程师赵海音的初衷是邀请联邦德国专家来武柴进行技术咨询,从而提高产品质量。格里希被称为发动机制造专家,我们一听都肃然起敬,对联邦德国专家抱有非常高的期望。格里希在武柴工作期间,写了大量的工作日志,武汉市经济委员会和武汉市外事办公室把他写的改革方案和讲话整理出版了一本书《格里希在武柴》。这本书记载了他在武柴工作的全部,内容主要是管理方面的,比如主持制定的各种规章制度。这本书即使在今天看来,也不失为一本企业管理方面的优秀教材(图2)。

在技术方面,联邦德国工程师与中国工程师并没有太大的差别。格里希讲的我们都懂,格里希会的我们都会,格里希所理解的我们也都能理解。他并没有在我们所制定的技术改造规划方案的基础上提出什么高精尖的建议和改进。由于我是个纯粹的技术干部,我就把格里希每天写的工作日志中有关技术的建议和讲话全部收集起

图2 《格里希在武柴》

(图片来源:万远淦)

来,进行分类统计,比较分析,打印成册,供全厂的工程技术人员学习,使大家对格里希在技术方面的指导思想和方法一目了然。我至今还保存着这份技术资料(图3)。

图3　笔者当年整理的格里希《技术工作资料汇编》

(图片来源:万远淦)

格里希在技术上并没有给武柴重大的提升,为什么他却在中国改革开放 40 年的历史中占有如此重要的地位,获得这么大的荣誉?时间过了 30 多年,我再回头想一想,现在终于想明白了:赵海音是一位技术专家,致力于技术改造,而格里希是一位管理大师,强调制度改革。"改造"和"改革"虽然只是一字之差,但是有天壤之别。因为当时企业发展的主要矛盾不是技术改造,而是制度改革。改造只是小打小闹,改革才是脱胎换骨。武柴通过"六五"计划和"七五"计划的技术改造,花了国家那么多钱,最后还是没有逃脱全员下岗和资产重组的命运。而格里希是朝另外一个方向在努力,他要打破国企僵化的制度,他预言"铁饭碗"一定会被打破。他所做的就是要把武柴引向现代企业的方向。格里希大刀阔斧实行改革而名震天下,是我国改革初期的先锋!

我研究了各大媒体关于格里希的报道,发现他们并没有想通上述道理,对格里希于武柴的贡献、对中国改革开放的重要意义的理解有失偏颇。媒体往往把他当成一个"专家"来理解,在所写的文章中不厌其烦地描写他是怎样抓柴油机的"清洁度",抓"废品率",抓"使用寿命"。由于记者对这些专业的东西一知半解,往往写得错漏百出。我们纪念格里希,肯定他的功绩,大可不必说武柴在他来之前是如何如何质量差,他来了以后质量如何提高,他走了以后质量又如何下降。写这种文章的人把格里希仅仅定位于一位"质量先生",而我认为应该将其定义为一位"改革先锋"或者"改革大师"。

3.2 格里希抓劳动制度的改革

这张照片(图 4)是格里希与工资改革领导小组成员一起研究方案。拍摄的地点是格里希的办公室。大家可以看到,格里希办公室里有一个架子,上面摆满了各种工具和零件,格里希穿了一件武柴工人的工作服,这反映了他每天的工作,不是文山会海,而是下车间。

格里希在武柴实行的最大的改革就是劳动工资改革。很多新闻报道中说格里希留下了几十万字的改革方案。确切地说,他是提出了一些新的改革措施,但许多内容并非他亲自撰写,而是广大职工共同努力的结果,是集体智慧的结晶。真正的执笔者是张清海和陈逢明二人。前者是我的同学,现在已 76 岁高龄了,当时是劳资科分管劳动定额的工程师,后任劳资科长、厂长助理;后者已去世,是工人出身的大学生,当时是审计科主任,后任车厢厂厂长。当时的武柴有十几个车间,几十个科室,几千个劳动岗位。要对每一个人定岗定责定工

图 4　格里希与同事一起讨论工资改革方案

(图片来源:Bernd Gerich)

资,格里希纵有三头六臂也忙不过来,何况有些岗位格里希根本不了解。据张清海回忆,当时出现过这样的对话。在讨论企业管理办主任的岗位工资时,格里希问:"这个企管办主任是搞什么的?"答曰:"搞企业管理的。"格里希说:"他搞企业管理,那我搞什么?"更有让人哭笑不得的,格里希对于"计生办主任"这个职位无论如何都不能理解,"工厂里居然还有一个办公室专管女工生孩子!"

格里希提出了一个指导思想,那就是打破"大锅饭",不能以工龄长短为标准拿工资,应该责权利相结合,多劳多得。于是,工厂分管劳动工资的各职能部门,结合各个车间的科室单位,对每个岗位仔细梳理,从而制定出了工资改革方案,在全厂实行。这些人当年所做的开创性的工作,是现代企业管理的一个创举。

4 澄清几个有关格里希的传说

只要在百度上打出"洋厂长"或"格里希"几个字,马上就有成千上万的条目出现。关于格里希的报道和传说也很多。其实,绝大多数的报道都不是当年实际采访格里希的一手材料,只是互相转载,或者是若干年以后有关人员的回忆,传来传去就失真了。当年与格里希共事且至今还健在的人越来越少,趁我现在头脑还算清醒,回忆一下我所知道的格里希,对一些不实的传说予以澄清。

4.1 格里希到底开除了谁?

由于格里希上任后第一件事就是"开除"总工程师和检验科科长,这第一斧头震惊了全国。格里希在各种场合不止一次地强调劳动岗位是需要流动的,工人应该有进有出,违反劳动纪律的工人应予以开除。所以在有的新闻报道中就逐渐演变成格里希开除了不遵守劳动纪律的工人。实际情况是,总工程师赵海音并没有被开除,而是被调走了。检验科科长张富生也没有被开除,而是被调到一车间检验组。检验科副科长张志强被调到检验科技术组。除此之外,格里希没有"开除"过一个工人。开除一说其实是雷声大,雨点小。格里希为什么会这样做呢?因为他深知把联邦德国企业的那一套管理制度全盘照搬到中国是行不通的。那时,中国没有养老保险,更没有失业保险。他发现武柴有食堂、医院、托儿所、幼儿园、小学、技校、电大。企业一直管到职工去世,上扁担山去做墓碑都是厂工会的同事去帮忙的。你说职工被开除了怎么办?他能够出去自谋职业吗?所以格里希只是在工厂内部,在他力所能及的权力范围内推行改革。由于看到了这些弊病,他预言了中国以后会打破"铁饭碗",进行包括养老金制度在内的深层次改革。在这些问题没有被解决之前,他不会给中国政府添麻烦,这个他是很清楚的。

4.2 格里希随身携带的"三件宝"到底是什么？

还有一个关于格里希的传说被媒体广泛转载。那就是记者喜欢总结出来的、朗朗上口的、便于记忆的短语。例如"洋厂长上任三斧头""洋厂长随身携带三件宝"。我特别注意到格里希随身带的"三件宝"到底是三件什么东西。不同的媒体说法不同。有的说是"手电筒、磁铁棒、白手套"，有的说是"游标卡尺、磁铁棒、手电筒"，有的说是"磁铁棒、放大镜、手电筒"……，但各种版本中都有磁铁棒，其他的就五花八门了。

在调查研究的基础上，我们发现格里希一共有六件宝。如上所述，但哪三件宝才是随身携带的呢？

关于这个问题，我在写回忆录时，特地找到了当年的总工程师文远海老先生，请他回忆格里希随身带的三件宝到底是什么。磁铁棒是肯定有的，这个我也见过，我们中国的检验员确实没有用过这个东西。那是一根细长的磁铁小棍，可以伸进螺丝孔里面去探查，看里面有没有螺纹加工后留下来的铁屑，从而判定这个螺丝孔被加工后有没有被清洗干净。从图5这张照片上就可以清楚地看到格里希的"三件宝"之一的磁铁棒的模样了。格里希高高举起的是一根弹簧，下面被吸住的就是他的那根小磁铁棒。

游标卡尺就不好说了，说格里希对产品质量精益求精，检查质量一丝不苟，但随身携带一把游标卡尺不能起太大作用。游标卡尺只用于粗加工时的测量，精度要求稍高时它就不适用了。放大镜和手电筒倒是真有，放大镜可以看清楚零件上的划痕，手电筒可以在光线不好时帮上忙。文远海总工程师说，格里希用的是一个带电筒的放大镜，是他从联邦德国带来的，我们一般人都没见过。

最后的结论是，格里希有六件宝，但实际经常携带的只有三件宝：磁铁棒、放大镜和手电筒。

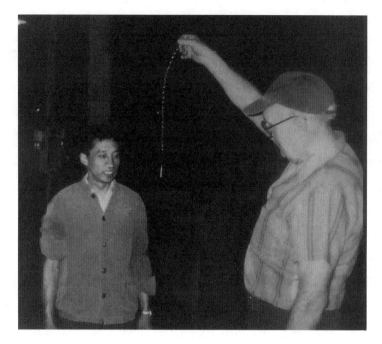

图5 格里希在三车间与车间主任陶维顺(右二)交谈

(图片来源:Bernd Gerich)

5 陪格里希下江南

　　1985年五一劳动节前夕,上级安排格里希夫妇去旅游。格里希是联邦德国杜伊斯堡市退休专家组织(SES)派到中国来的专家,中国不付给他工资,但要包吃、住、行。中方把他们当外宾招待,东道主是国家外国专家局和各地方的外事办公室,参观中国的大好河山是必须安排的。但格里希却很耿直,如果你纯粹说安排他旅游,他是不会去的,因为联邦德国没有用公款吃喝和旅游的习惯。那时候格里希很红,有各种各样的部门领导接见和各种各样的新闻采访,几乎是三天一小宴,五天一大宴。格里希对这种大吃大喝很不习惯。在改革开放初期,物质条件变好了,当时的公款吃喝和旅游十分普遍。于是,各级领导以请格里希调研咨询的名义给他安排了很多参观旅行,例如到海南、江西、内蒙古等。这些过程格里希的翻译余维浩先生和李云中先生多有记载。而我有幸陪同过一次,就是这次五一劳动节的休假旅行——下江南。

我手头还保存了一份1985年武柴关于安排格里希夫妇在五一劳动节外出参观旅游的文件(图6)。文件上写明此次出访人员是格里希夫妇,陪同人员是翻译余维浩、党委书记芦祖振,共4人。但实际上我也参加了,一共是5人。当时,原总工程师赵海音已经不在武柴了,文远海被提拔当了总工程师,总师办就剩我一个工程师。既然是一次技术性的出访,总得有技术人员陪同吧,于是就有了这个我与格里希夫妇同行的故事。计划是从武汉出发,经南京、常州、无锡到上

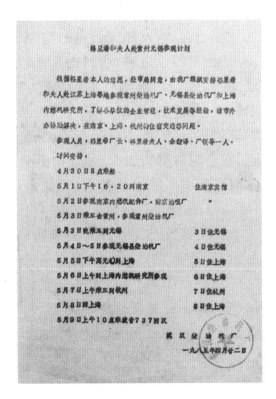

图6 格里希参观访问计划文件

(图片来源:万远淦)

海,参观南京内燃机配件厂、南京油嘴厂、无锡柴油机厂、常州柴油机厂,最后到上海内燃机研究所访问。访问结束后,格里希于5月9日乘飞机送夫人到北京转机回国,我则从上海直接返回武汉。

第一站南京。4月30日上午,我们从武汉坐船出发,第二天下午到达南京港。我们还未到达时,在南京港的趸船上已经有外事部门的官员在等候了,我厂供销科先行到南京出差的张宝怀和韩岐凤两人也在欢迎的队伍里。我们一上岸就有人上前献花,致欢迎辞。我是第一次见到这种排场。好在我也知道行走时要稍稍滞后一点,免得抢了镜头失礼。

第二站常州。后面的行程换成了坐中巴直奔常州,在一个江南园林别墅夜宿。格里希夫妇住在楼上的房间,我们住在楼下的房间。那时候我还没有见过苏州园林,对江南园林的印象就是从这次住宿开始的。早上起来,我在花园里散步,所见的都是亭台楼阁,所闻的都是花香。上午,在别墅的客厅里,格里希与常州市领导见面;下午,我们参观常州柴油机厂。常州柴油机厂是我们行业中的老大,技术先进,质量优良,管理严格,代表我国农机行业的最高水平。我对常州柴油机厂很熟悉,在参观常州柴油机厂时,我特别上心地向格厂长介绍讲解。因为我们在厂里经常挨他的骂,说我们这也不行那也不行,我想让他看一看,我们中国也有行的工厂。

第三站无锡。车到无锡后并没有去无锡柴油机厂,而是直奔太湖。由于已经过去了30多年,游览鼋头渚的印象已经模糊不清。我只记得入住的那个宾馆餐厅的墙壁上挂着一幅国画,画的是"举案齐眉"的故事:一个古代仕女将碗高高地举着,请丈夫吃饭。可是我们进餐厅吃饭还要交粮票,所以印象很深,至今仍没忘记。

第四站杭州。我们是乘火车到杭州的。车一进站,广播喇叭里就传来甜美的女声:"上有天堂,下有苏杭。欢迎您来到美丽的杭州!"车一停稳就看到杭州外事办公室的官员已经在车门外等候了。我记得那天下雨,一位女官员递上一把黑色的长柄雨伞。出站上车后,车径直开往西湖旁边的杭州饭店。休息片刻后,我们到宴会厅赴宴。杭州市的大小官员已经坐满一桌。刚一坐定,主人就热情地介绍杭州名菜。格里希早已厌烦这种宴会,他的兴趣不在吃上,却把印刷精美的菜单和一双精致的筷子收入囊中,然后就打哈哈了。我与翻译余维浩坐在一起,他对我说:"跟格里希一起吃饭从未吃饱过。因为主人客人你说过来他说过去,都要翻译。结果嘴巴没有空吃饭。今天杭州方面有翻译,我可以抽空大吃一顿了!"第二天游览西湖,从宾馆出门,一过马路就到了湖边,早已有游船在那里等候。上船以后,我们游玩三潭印月、花港观鱼、柳浪闻莺等著名景点。船一直开到对岸,我们上岸后喝了虎跑泉水泡的龙井茶。记得服务员表演用一枚硬币放在一杯虎跑泉水中不会沉下去,格里希看后会心一笑。然后,我们换乘巴士到灵隐寺。在参观灵隐寺时有一个小细节我还记得,那就是格里希看到佛像的胸前有一个图案跟纳粹德国的旗帜上的符号很相似后,露出了非常惊讶的神色。我就叫翻译小余跟他解释,这在中国叫万字花,"卍"是佛教的标志,可以向左,也可以向右,纳粹德国的标志是45度右旋,两者是有区别的。武则天曾将"卍"定音为"wàn",象征吉祥如意。下午,我们陪格里希夫人逛友谊商店买杭州丝绸。格里希夫人特意在商店寻找一种青花瓷盘。据说是她以前在武汉胜利饭店吃饭时看到了那种餐盘,很喜欢,但后来一直没有买到类似的。

第五站上海。到上海以后好像没有去哪里玩,那时候上海还没有东方明珠电视塔,外滩也破破烂烂,不像现在这么漂亮。在上海,我们主要参观了上海内燃机研究所。这是我们行业中最好的科研机构,我们参观了很多先进的实验室。我不太懂,格里希也不太懂。我印象最深的就是噪声实验室。实验室在一个人造的山洞里,非常厚的墙壁做得凹凸不平。这样可以把背景噪声降到最低,人一进去就觉得实验室安静得可怕,人听到自己的呼吸声像雷鸣。我对此非常得意,因为这向格里希展示了我们中国的科研水平。

实际行程与上报文件计划很不相同,计划中都是工作调研参观,实际上只参观了两个单位,其他时间都在旅游,了解中国文化。

6 格里希的凡人小事

新闻记者往往有个职业习惯,那就是报道的主流正面人物都是高大上的。他们对格里希也是如此。其实在我看来,格里希就是一个典型的联邦德国倔老头,一个工人出身的工程师,他的身上有现代工业化造就的联邦德国工人的职业道德。他来到中国武汉柴油机厂当厂长,尽力当好。做事认真是他的性格,把事尽量做到完美是他的习惯。我看到的格里希,是一个性格直率、爱憎分明、喜怒形于色的普通人。他是中国人民的好朋友,是帮助我们脱贫致富、走上工业现代化的好老师。习近平主席 2018 年颁发给他"中国改革友谊奖章",这个名称就非常贴切。

6.1 爱唠叨的倔老头

他性格耿直,有什么说什么。他在武柴看到管理混乱,劳动纪律松弛,工人不按工艺规程生产,导致废品率高、产品质量不好等。作为一个为期四个月的技术顾问,他提出意见就尽到责任了,可他恨不得马上解决,而且别人来解决他还等不及,他要亲自去解决才放心。有一次他还说:"要是我来当这个厂长,我就会怎样怎样……"所以说武汉市委敢为人先,做出邀请格里希成为中国第一个"洋厂长"的壮举,不是头脑发热,一厢情愿的,而是两厢情愿,一拍即合。

格里希说话耿直到什么程度?上到受国务院原副总理姚依林接见时,中到与武汉市委原书记王群、原市长吴官正会谈时,下到在工厂干部和工人大会发言时,他都说同样的话。比如,柴油机的清洁度是如何不好,废品率是如何高,使用寿命是如何短。不管你听不听得懂,他就按他的思路讲。

6.2 和蔼可亲的老顽童

格里希的另一面是风趣幽默、和蔼可亲。

在格里希厂长就职仪式之后,武汉市委组织了一次欢迎格里希的联欢晚会,地点就在武柴俱乐部二楼。参加活动的有武汉话剧院、武汉歌舞剧院等文艺团体。记得武汉话剧院的节目是哑剧小品,武汉歌舞剧院的节目是女声独唱。我的同学张清海先生身材高大,歌声优美,他代表工厂表演节目。他先唱了当时最流行的歌曲《在那桃花盛开的地方》,紧接着,他又唱了电视剧《敌营十八年》的主题歌曲。第二天,格里希到车间,一下子就认出他了,并叫他 Caruso(卡卢梭),而且做出张开双臂、身体后仰、昂头唱歌的动作,把他比喻成 20 世纪意大利的一位著名歌唱家。从此以后,格里希不叫他的真名,总是叫他卡卢梭。

我厂财务科的秦科长身材臃肿,满脸痘痘,不修边幅。如此相貌的人,却有一个出落得美丽大方的女儿。有一次格里希见到了秦科长的女儿,开玩笑地对秦科长说:"哎呀,你的姑娘好漂亮啊! 我太老了。我要是小伙子,就要追求她了!"

6.3 奖惩分明,奖多罚少

格里希对待工人是刀子嘴豆腐心,在批评不合理的劳动制度和工资制度时言辞非常尖锐,总是说干得不好的人要被开除。但他从来没有开除过一个工人。他的一切改革措施都是尽力提高劳动生产率,让大家都有活做。他不但没有开除过谁,还经常表扬员工。他每次回国后都会带来一些小礼物。对于在他身边工作的干部和工人,他一高兴了,就送一块巧克力或一条领带。我在配件厂当技术副厂长期间,格里希已经卸任回国,在以后的几年里,他还经常回武汉来看一看。有一天他回武柴来了,看到树上的叶子和花粉飘落掉进放在露天的柴油机里面,就要求做一个塑料罩盖住水箱。这个任务落到我分管的配件厂，我立即组织人员试制，一天以后就拿出样品来给他看。他试用以后非常满意。几天以后，他针对这件事自掏腰包发给我 20 元奖金。

6.4 生病后"硬顶着"

格里希不但认为武柴的产品质量不好，而且对于中国生产的其他产品也不太信任。他从来不在中国购买商品，我只知道她夫人在中国杭州买过一些丝绸。有一次，格里希来武汉不久就感冒了，而且很严重。他对我们的厂医院不信任，因为他看到我们厂医院打针不是使用一次性的针头，而是消毒以后重复使用。格里希接受不了这个，于是坚决不去医院。他作为外宾病了又不肯看病怎么办？后来市里直接把他交给同济医院院长裘法祖，让格里希到他那里去住院。因为裘法祖是从联邦德国留学归来的，他夫人也是联邦德国人。这下格里希才同意住院。后来武柴有一个工人得了肺癌，想住院却住不进去。格里希知道后，亲自给裘法祖打电话，裘法祖看在格里希的面子上，答应先在走廊加床住进去。过了几天格里希还过问转进病房没有。后来他等不及了，亲自跑到同济医院找裘法祖，直到把病人安排进了病房才放心。

7 几张格里希照片背后的故事

各种关于格里希在武柴工作时的照片在报纸杂志和网上流传。每当我看到这些照片时，心情就无比激动。因为它一下子就把我拉回到 30 多年以前，那熟悉的车间，那朝夕相处的工人师傅，一一活跃在我眼前。我们在纪念"洋厂长"格里希的时候，不应该忘记与他一起共同战斗的武柴职工，是他们与"洋厂长"一起在探索实践国企改革的伟大事业。那时候照相机还不普及，只有新闻记者拍了一些照片发表在报刊上或保留在档案之中，与格里希同框的职工自己并没有留下这些珍贵的照片。

7.1　高度重视曲轴油孔抛光

图 7 至图 9 这三张照片都是在三车间曲轴生产线拍摄的,内容都是关于曲轴油孔的抛光工序。这是格里希特别重视的工序。

我在 20 世纪 60 年代就是三车间曲轴生产线上的一名工人,操作大型曲轴磨床,具体工序是对曲轴的连杆轴颈进行精磨。

图 7 照片中离格里希最近的工人叫喻振华,是 20 世纪 80 年代曲轴生产小组的组长,也是一名磨床工。我们今天从现存的格里希现场工作照片中看到,在曲轴小组照的照片就有三张,反映了格里希当时的真实工作状况,他非常重视曲轴的质量,认为提高曲轴的光洁度就是提高柴油机整机清洁度、延长柴油机使用寿命的关键所在。所以他几乎每天都要到三车间曲轴小组来。

图 7　格里希与工人们一起探讨曲轴加工工艺(一)

(图片来源:Bernd Gerich)

图8　格里希与工人们一起探讨曲轴加工工艺(二)

（图片来源：Bernd Gerich）

图9　格里希与工人们一起探讨曲轴加工工艺(三)

（图片来源：Bernd Gerich）

图 8 中站在格里希旁边的工人叫黄为茂,是跟我同时期的老工人,在他身旁的青年工人叫黄小红。从图中可以看到很多记者报道过的格里希随身携带的"三件宝"。磁铁棒、小手电筒插在胸前的口袋里的。

图 9 是格里希在车间手把手地教吴爱芳操作曲轴去毛刺抛光的场景。

格里希旁边的女工叫吴爱芳。吴爱芳当年 20 岁,她与黄小红、黄为茂三人都是三车间曲轴生产小组的工人,具体工作是将精磨以后的曲轴轴颈上的油孔去毛刺,进行抛光,一般是用断钢锯条把油孔刮一下,再用抛光砂纸把油孔磨一磨。格里希对曲轴颈上油孔倒角去毛刺的要求非常高,要求不但要用砂轮打磨,还要进行机械抛光。在他的要求下,三车间主任陶维顺技师亲自设计,由车间工艺组自制了一台给曲轴轴颈抛光用的夹具,并安装在一台 C20 的车床上,还配备了专职人员操作。

以下内容摘自格里希的工作日志:"连续 18 周来,我几乎天天都强调曲轴导油孔的抛光问题。我今天发了火,拿了个手动砂轮对热处理以后的曲轴导油孔进行了倒角示范,并对精磨后的曲轴做了抛光示范。85-5-23-2。"文后的数字表示该条目产生于 1985 年 5 月 23 日格里希在武柴第二阶段的日记,证实了这些照片的拍摄日期就是 1985 年 5 月 23 日。这一天有德国《星报》两名记者到厂采访,也有中方新闻界的人员陪同。

喻振华先生已去世十多年,黄为茂老师傅仍健在。在采访 79 岁高龄的陶维顺老人的时候,他讲了照片背后的一个小故事:曲轴轴颈抛光机做好以后,由吴爱芳操作,格里希每天都要来。一台新机器、一道新工序,小姑娘当然操作不熟练,格里希就手把手地教,在一个高高大大的洋人面前,小姑娘特别紧张,加上语言又不通,往往令格里希不满意。这时有记者报道说格里希教了 40 多遍,这个工人还不会。有一次,一个上级领导到车间来视察,对陶主任说想见一见这个工人,潜台词是想看一看这个工人怎么这么笨。明明吴爱芳就在附近站着,陶主任却说她不在。那位领导说:"你去把她找来!"陶主任说:"她今天上中班。"看到以上照片,陶主任满怀深情地回忆当年就是这样保护了这个小姑娘的尊严,吴爱芳女士可能到现在还不知道这件事。

7.2　在中国过圣诞节

图 10 是武柴为格里希举办圣诞节联欢晚会时拍的一张照片,时间是 1984 年 12 月 24 日,地点是在武柴俱乐部二楼。图中左边的这个姑娘叫吴晓芳,时年 23 岁,是一名幼儿园老师;右一是厂团委干部屈伟;右二是供应科的周运华,时年 24 岁。

图 10　格里希在中国过圣诞节

(图片来源:Bernd Gerich)

据吴晓芳女士回忆,她当时还是共青团行政支部的书记,圣诞晚会是由厂办工会团委专门为格里希主办的。各个车间、科室、支部都派人参加了。周运华是供应科支部的。上级交给他们的任务就是把晚会组织好。她说:"大家都与格里希跳舞,我也与格里希跳了两支曲子,然后向格里希献花和赠送小礼物。那天晚上格里希很高兴,虽然没有回家过圣诞节,但是这个晚会给了他家的感觉。格里希是个非常和气且平易近人的老头。本来,幼儿园老师与格里希在工作上没有什么交集,但由于我多次参加与格里希有关的文娱活动,在武汉市政府举行的欢迎格里希的晚会上,我演唱了联邦德国歌曲《小小少年》,而且是用中德双语演唱的,因此格里希就认识我了,以后还时常关照我,所以我对洋厂长印象很深。"在谈到这段经历时,吴晓芳还能熟练地哼唱"小小少年,没有烦恼"的歌词。

7.3　武柴领导班子的变迁

图 11 是一张私人收藏的照片,记录了当时的一次重大活动,具有非凡的意义。

图 11　格里希与杜伊斯堡高市政府代表团及武柴员工合影(1985 年 4 月 17 日)

(图片来源:吴晓芳)

这张照片是格里希任职厂长以后接待一个外国代表团参观武柴时的合影,地点是在武柴大礼堂门前台阶。那时候格里希在武柴的事业如日中天,三天两头就有各国记者或各种各样的代表团来参观采访。图11中间是市经委副主任郑仲衡(二排左五)、市外办主任丁华(二排左七)。丁华主任成功推动了武汉市政府聘请格里希当武柴厂长这一事件。

图11是格里希上任以后武柴新领导班子成员的一次全体亮相:党委书记芦祖振、副厂长黄忠韵、总工程师文远海、副总工吴琴心、生产副厂长曹先祥、供销副厂长文国胜、行政副厂长李昆童,还有他新任命的检验科科长曹小麓(三排右三),以及几乎所有科室的科长和党政办公室主任。

照片前排大都是幼儿园老师、医务室护士和技术科描图员。她们是被叫来当接待员的。仅就我认识的,基本上都是我厂干部职工的子女。这也是格里希看到的一个中国特色。

7.4 联邦德国杜伊斯堡市代表团来访

图12拍摄于1985年4月17日上午。格里希家乡杜伊斯堡市代表团来厂参观,武柴给予了最高规格的接待。工厂子弟小学停课一天,让孩子们在厂门口列队欢迎。小学生们学着电视里面北京少先队员欢迎外宾的样子,一边挥舞着花束彩带,一边呼喊着"欢迎!欢迎!热烈欢迎!"统一着装的少先队鼓号队则演奏着节奏感很强的进行曲。欢迎仪式以后,外宾参观了车间,然后到俱乐部前的广场合影。

第三排左一是子弟小学的体育老师祝明禄。他是少先队鼓号队的领队。第三排左二是三车间主任陶维顺,他是陪同外宾参观了三车间以后一起来照相的。格里希没有参加这次合影。二排左六是经委主任郑仲衡;二排左八是长江动力公司派来的总工程师聂铁钢。格里希任命的总工程师文远海已经被调走了,副总工程师吴琴心(三

图 12　武柴新领导班子接待杜伊斯堡政府代表团

（图片来源：万远淦）

排左三）还在，党委书记芦祖振坐在第二排最左边的位置。不久以后，格里希培养的接班人厂长黄忠韵、党委书记芦祖振都被调走了，聂铁钢正式接任格里希成为武柴新一任厂长。

　　武汉柴油机厂于 1957 年成功试制出中国第一台手扶拖拉机，名扬全国；此后，武柴逐渐走向兴旺；1984 年，武柴引进中国第一位"洋厂长"，名扬世界。

附录4 大型原创话剧

武汉有个洋厂长

仅以此剧献给中国共产党成立 100 周年

万远淦

时间:改革开放初期的 20 世纪 80 年代。

地点:武汉柴油机厂,中国第一台小型拖拉机诞生的地方。

人物:【威尔纳·格里希】 65 岁,联邦德国人。

【安妮·格里希】 格里希夫人,60 岁,联邦德国人。

【刘伯宽】 50 岁,武汉市委书记、市长。

【李尚德】 50 岁,总工程师。

【张元凯】 45 岁,检验科科长。

【张小凯】 24 岁,试车工人,张元凯之子。

【余梦笋】 22 岁,女,检验员 。

【林学工】 32 岁,供销科采购员 。

【王满妹】 30 岁,女,工人,林学工的妻子。

【林师傅】 55 岁,仓库保管员,林学工的父亲。

【陈金振】 40 岁,厂工会主席。

【黄主任】 车间主任。

【徐科长】 保卫科长。

【记　者】 湖北经视记者。

还有格里希的儿子贝尔恩特·格里希、儿媳阿布拉和一些干部、工人等群众演员。

序幕 / 祭铜像缅怀洋厂长　获大奖告慰先行人

【时间:2018 年 12 月 19 日。

【地点:武汉汉正街都市工业园格里希铜像前的小广场。

【昨天,在北京人民大会堂召开的庆祝改革开放 40 周年大会上,德意志联邦共和国专家格里希被党中央、国务院授予中国改革友谊奖章。今天,武汉市政府有关部门官员和武汉柴油机厂与格里希一起共同工作过的老同事,与赴北京领奖的格里希儿子儿媳一起在格里希铜像前祭奠这位中国第一个洋厂长。

【(画外音——习近平总书记在庆祝改革开放 40 周年大会上的讲话)

1978 年 12 月 18 日,在中华民族历史上,在中国共产党历史上,在中华人民共和国历史上,都必将是载入史册的重要日子。这一天,我们党召开十一届三中全会,实现新中国成立以来党的历史上具有深远意义的伟大转折,开启了改革开放和社会主义现代化的伟大征程。

(幕启)

【在《我爱我的祖国》的歌声中,群众上场,来到格里希铜像前,贝尔恩特·格里希夫妇把一个大花篮摆放在格里希铜像前,人们列队三鞠躬,然后逐个上前献花。贝尔恩特·格里希站立在铜像左前方,与吊唁者一一握手致谢。礼毕以后,白发苍苍的老工会主席陈金振上前深情地抚摸着铜像。

陈金振　格厂长,我们来看您啦!一眨眼的工夫,您离开我们都这么多年了。看看您的铜像,还是当年的那个模样,还是那么精神!格厂长,您听到没有?昨天在北京人民大会堂开大会,我们的习主席在表扬您呢!您看到没有?习主席还给您发了一个金灿灿的"中国改革友谊奖章"。30 多年啦!中国人民没有忘记您,武汉人民没有忘记您,我们武柴的老工人更是没有忘记您!

余梦笋　格厂长,我爸爸李总工程师一直都说要到德国波恩去拜访您,要和您好好地聊一聊,聊武汉柴油机厂,聊中国的农机工业,聊中国的改革开放。可是他前年去世了,我想,在那边他一定会去找您的,他有一肚子的话要对您讲,你们一定会聊得很愉快的!

张小凯　格厂长,您别怪我啊!想当年我真的不是跟您作对,我就是年轻贪玩,调皮不懂事,惹了一些麻烦让您操心了!我不喜欢当工人,想去做生意,要不是您当初为我做主,我的老爸是不会允许我下海的。这不,经过几十年的打拼,我这个当年的"小混混",如今也是像模像样的董事长啦,真是托您洋厂长的福啊!

王满妹 格厂长,我们一家人都来看您啦!(拉着小孙子)来,来,来,过来跟格爷爷磕头。格厂长,您这一走都30多年啦!我都有孙子了,我现在退休在家拿的钱比当年上班时还要多呢!我要告诉您,我现在一家五口,住的是三室两厅的房子,100多平方米呢!这在当年是想都是不敢想的!您老在那边安心,别记挂我们,我们现在可好着呢!

陈金振 格厂长,中国进行了40年的改革开放,您当年的愿望现在都实现了,您在地下也可以安心了!

【有记者扛着摄像机、拿着话筒过来采访。

记　者 我是湖北经视的记者,我想采访一下。你们都是武汉柴油机厂的老员工,是吧?

林学工 是的,我们都是跟洋厂长一起工作过的,都是挨过洋厂长的骂的。

【众人大笑。

记　者 (对着陈金振)请问,您以前在武柴是做什么工作的?

陈金振 我是洋厂长在职时期的工会主席。

记　者 你们呢?(把话筒伸向张小凯、余梦笋)

张小凯 我叫张小凯,是武柴的一名工人,我的爸爸就是被洋厂长开除的检验科科长。

余梦笋 我叫余梦笋,是洋厂长时期的检验科科长,我爸爸就是被洋厂长开除的总工程师。

记　者 当年武汉柴油机厂请来了中国第一个洋厂长,你们都是与洋厂长共过事的人。刚才你说你们都是挨过洋厂长的骂的,那你们过了几十年还来看他,是不是还没被他骂够?

【众人大笑。

张小凯　话可不能这么说！我们真的很怀念那段跟洋厂长共事的日子，一开始我们都很怕洋厂长，都躲着他。

记　者　后来骂多了就不怕了？

张小凯　那也不是，如果不是洋厂长把我骂醒了，我这老婆还不一定娶得上呢！

【余梦笋娇嗔打他。

记　者　对于武汉请来了一个洋厂长这件事，你作为当时武柴的员工是怎么想的？对于我们国企的改革有什么意义？

陈金振　那时候还是 1984 年，邓小平同志提出改革开放，但怎么个改革法？谁也不知道。只有摸着石头过河，武汉请来个洋厂长，就是请他来试一试，我们工人也不知道他"洋葫芦里面卖的是什么药"。至于你说的对国企改革的意义，我想重要的是向全世界表了一个决心，我们国企连洋人都可以请来当厂长，还有什么不能改的？

记　者　30 多年之后，习近平主席给他颁发了一个"中国改革友谊奖章"，说明了我们国家对于他的贡献是充分肯定的，那么你现在知道他"洋葫芦里面卖的是什么药"了吗？

陈金振　你要是问洋厂长的管理经验和技术，我也搞不大懂，但是你要我讲我们与洋厂长之间的故事，那我可知道不少。

记　者　那好，在祭奠仪式结束以后，请您留步，给我们讲一讲洋厂长在武汉柴油机厂的那些故事，怎么样？

陈金振　可以。

记　者　请到那边小石桌那里坐一下，我们慢慢谈。

【众人走向舞台左前方的小石桌边坐下,定点光。

陈金振　要说武汉有个洋厂长的故事,那还要从 1984 年我们厂里的那一次产品创优活动说起。

【收光,暗转。

第一幕 / 仪仗队创优迎国庆　张小凯试车被调查

【时间回到 1984 年国庆节的前几天。

【舞台上背景显示的是高大的现代化厂房,(基本场景)可以看到悬挂着"大干一百天创优质产品 向国庆 35 周年献礼"的横幅标语。前面是工厂内的小广场外景。一边通向试车车间的大门,一边通向成品仓库的大门,一片人来车往的繁忙景象。工人用一种手扶小吊车运送柴油机,这种小车是一根以轮子为中心的钢管杠杆,前面是吊钩,后面是扶手。吊钩钩住柴油机,双手向下用力一按,就把柴油机吊起来推走了,非常灵活方便。检验科科长张元凯在现场指挥工人,把柴油机送到不同的地方。

张元凯　这边这边!刚下总装线的机子送到试车二组检测。小心,小心,不要把油漆碰掉了!交给当班的班长签字!检测完毕的机子放到这边来,入库摆好!把油污都擦干净啊!一台台锃光放亮,多好看!老林头,叫你把试车完了的机子分类存放的,你是怎么在搞哇?

林师傅　(用武汉方言)我晓得了,按你的吩咐,好机子放一边,坏(怀)机子放另一边。

张元凯　什么好机子坏机子?不要胡说八道!都是好机子。就是按油耗高低分一下类,油耗低的放一号库区,油耗高的放三号库区,隔开一点,不要搞混了。都是好机子!唉!跟你说你也不懂。(看到张小凯推一台机子过来了)小凯,你过来!

张小凯　爸,你叫我?

张元凯　现在不要叫爸,这是上班的时候!

张小凯　科长老爸！什么事？

张元凯　（扬手作打他状，顺势夺过他手中的试车卡）没个正形的！我看看你的试车记录。（翻看记录卡）177.3，176.2，176.9，176.4。油耗 176 克以下的才算优质产品，这 176 克以下的没几台啊！

张小凯　大概十台里面有两三台吧！

张元凯　你把油耗在 176 克以下的都挑出来，用红油漆在底座上打一个点做记号，这些都是优等品，交给老林头存放在一号库区。油耗在 180 克以下的，都算合格，这合格品放三号库区。老林头，你要是搞混了，我拿你是问啊！

林师傅　张科长，你这是在唱哪一出啊？是觉得我们看仓库的太清闲，怕我们有得事做，故意找些事来磨我们？这试车完了的柴油机，拉到成品库一顺放，挺好啊。又兴个么鬼花样，要分类存放，搬过来搬过去的，不怕麻烦！

张小凯　科长老爸，这 176 克和 180 克有什么区别吗？就这几克油，我们漏在地上的都比这多，为这几克油，这么过细地挑，至于吗？

张元凯　你懂个屁！叫你好好学，你不学，你以为让你干个试车工还亏待了你！这市优、省优、国优的指标就差那么一点点，就像百米赛跑一样，冠军、亚军的成绩就差那么零点几秒！

张小凯　我看能用就行，就这还供不应求呢！

张元凯　那是以前，我们要解决农业机械有和无的问题，能用就行，多多益善。现在是要解决产品质量高和低的问题。不但要多，还要好！这优质产品油耗指标莫说是差几克，就是差零点几克都不行！你们都听好了，分类存放，不要搞混了！尤其是你，小凯，跟我多挑几台优等品出来，那是李总点着名要的。

张小凯　就你名堂多,弄虚作假。

张元凯　你个臭小子,看你还敢胡说!(作追打状,张小凯躲避,
　　　　与刚上场的余梦笋迎头相遇。)

余梦笋　怎么啦? 你老爸又在修理你?

张元凯　(不好意思)没什么,习惯了。哎,我正要去找你,今天
　　　　晚上我们去唱卡拉 OK 好吧! 那边又新开了一家……

余梦笋　拜托! 晚上我可能要加班,这几天有外国专家到厂里
　　　　来,我要参加接待,临时做一下翻译,这对我来说可是
　　　　学外语的好机会。

张小凯　别扯了! 我听说这外国专家是联邦德国人,不是讲英
　　　　语的好吧!

余梦笋　是联邦德国人,但别人也会讲英语。

张小凯　不去卡拉 OK 也行,下班以后我把大三洋提到你家来,
　　　　我们一起听邓丽君的歌。

余梦笋　大三洋拿过来可以,先让我听陈琳英语。

张小凯　也行! 我也跟着学几句。

余梦笋　不跟你扯了。你爸呢? 我还找他有事呢!

张小凯　在老林头的仓库里。爸,你出来! 小梦找你。我还在
　　　　上班,我走了,下班时我来接你,拜拜!(下场)

余梦笋　拜! 记得把大三洋带过来!
　　　　(张元凯出来)。
　　　　张科长,刚才我把这几天的产品质量报表给李总工程
　　　　师看了,柴油机的油耗指标还是不稳定,还有一大半的
　　　　机子达不到机械部优等品标准。眼看部质量检查组马
　　　　上就要来了,李总工程师心急火燎的,下死命令要在检
　　　　查组到厂之前把油耗指标攻下来。

张元凯　我这不是在抓吗,请他放心!

余梦笋　他现在到胜利饭店去接联邦德国专家去了,他请了这

个专家来当顾问,帮助我们提高柴油机质量。

张元凯 那敢情好!欢迎联邦德国专家来帮我们。

余梦笋 他要我跟你说,他马上就带专家顾问来看我们的柴油机,要你做好准备,要以最好的质量展示我们武柴的水平,不要在外国专家面前掉底子!

张元凯 我早就准备好了一支仪仗队,欢迎明天进厂的机械部质量检查组,这外国专家要来,正好我的仪仗队来一次彩排。

余梦笋 那我就去回李总的话啦!(下场)

张元凯 叫李总放心吧!

林师傅 这一台还没有入库呢!是小凯丢在这里的吧!又要老子跟你擦(揩)屁股。

(正准备把小凯落下的这台机子推进去,突然发现)

张科长,你快过来看,那是些什么人来了?

【格里希在李总工程师的陪同下,向这边走来。张科长和众工人见来了一个外国人,很腼腆。

李尚德 请到这边来看看!(向大家介绍)这位是我邀请来的技术顾问——联邦德国专家格里希先生。他是来帮助我们提高柴油机的质量、创优质产品的。

众工人 啊,啊,欢迎!欢迎!(众人鼓掌)

格里希 (很大方地伸出手来,与工人握手,工人羞涩,格里希拍拍工人的肩)你好!你好!

李尚德 这位是检验科科长张元凯先生。他负责这次迎接部里的质量检查工作。

【互相握手问候。李总带格里希参观车间和仓库,冰屏随着他们的步伐不断变换着背景。

李尚德 格里希先生,这里就是我们柴油机成品试车车间,每一台柴油机总装完成以后都要在这里进行严格的检验,

　　　　　　油耗指标合格以后就可以进入成品库。然后从这里发往全国各地。这边就是成品仓库。

张元凯　　（殷勤地打开成品库的大门,可以看到里面整齐摆放的柴油机）你看,迎接部里检查的柴油机都在这儿呢!

格里希　　（竖大拇指）整整齐齐,好漂亮啊! 李先生的工厂大大出乎我的意料,我以前在非洲工作过,我以为中国的工厂跟他们的差不多。没想到中国的工厂这么好,能生产出这么漂亮的柴油机。

李尚德　　格里希先生可不要小看我们武汉柴油机厂啊! 中国第一台小型手扶拖拉机就是在这里诞生的,我们伟大的领袖毛主席都来看过。

格里希　　啊! 这是一个伟大的工厂!

李尚德　　是啊,可是老厂遇到了新问题。现在工厂年产 16000 台,还供不应求。这萝卜快了不洗泥,只要是达到合格品的标准就卖了。可市里要求我们厂的柴油机要创优质名牌,我们的产品质量还不稳定,一直达不到优等品的标准。今年机械工业部里的质量检查组马上就要到了。这不请您这位联邦德国专家来给我们当顾问,给我们出主意想办法,看怎么提高质量,过这一关!

格里希　　我看了你们工厂的设备,相当于我们联邦德国 70 年代的水平,机械化的程度还是很高的,利用现有的设备,应该是可以生产出高质量的柴油机的。不过,现在我还不知道你们的问题在哪里。我要选一台柴油机亲自检查,这样才能发现问题。

李尚德　　完全可以。请张科长协助格里希先生抽样检查。

张元凯　　好的。格先生这边请!（带格里希走向成品库）这里面都是创优产品,一个批次 300 台,一台不少,台台优秀。

格里希　　就在这里面抽样吗? 每一台都这么漂亮,看来你是费心准备了的啊！

张元凯　那是，这里面是我准备欢迎贵宾的"仪仗队"。你看过我们北京天安门升国旗的仪仗队没有？那里面都是经过挑选出来的小帅哥，能不漂亮吗？

格里希　"仪仗队"？什么"仪仗队"？

李尚德　就是专门迎接机械工业部质量检查组的队伍呀！这成品仓库一号区里面都是"仪仗队"成员。今天我们的联邦德国顾问来了，也欢迎您，随便挑一台看！

【格里希也不客气，在"仪仗队"里转了一圈，突然指着放在路边的一台机子。

格里希　这一台是怎么回事？

张元凯　（对着林师傅）这一台是怎么回事？

林师傅　啊，这一台也是合格品。还有推进去，马上来推。

格里希　既然这一台也是合格品，那就选它了！

张元凯　（连忙低头查看有没有红油漆记号）这一台不行！这一台不行！

格里希　就是它了！（众人愕然）

【工人把这一台推向试车车间，车间的大门一开，柴油机的轰鸣声就传了出来，一阵急促的鼓声催人心弦。格里希等人跟进去，收光。

【等到灯光又起时，几个小时过去了，天色渐暗，张元凯还在试车车间外踱步。

张元凯　结果还没出来，要做个全套检测，起码要四个小时。（看手表）刚才拉进去的一台我没看清有没有红油漆记号，真是见了鬼啦，遇上这么一个倔老头。

【张小凯上。

张小凯　爸，下班都快一个小时啦，你还在这里转悠，妈问你回不回去吃饭。

张元凯　现在哪顾得上吃饭？你看那洋人顾问还在试车房里没出来，不知道结果是公还是母。今天这个检测要是搞砸了，明天部检查组来了就更不好办了！

张小凯　搞砸了又不是你一个人的事，饭还是要吃的嘛！

张元凯　我一辈子端的就是柴油机厂的这个饭碗，修柴油机，造柴油机。这个碗要是搞砸了，还怎么吃饭？

张小凯　爸，你一辈子端这个饭碗，也只混成这个样子，我可不想一辈子端这个饭碗，也跟你一样！

张元凯　什么？你不想干啦？你小时候正值"文革"，没读过什么书，又下放到农村好几年，我费了九牛二虎之力才把你内招进厂，想要你学个技术，以后好养家糊口。你说得倒是蛮轻巧，你不干这，那会干什么？

张小凯　在厂里混，一个月三十几块钱。吃了没得玩的，玩了没得吃的。不如人家在汉正街摆个小摊子，一天到晚赚的都是活钱。

张元凯　好你个小子！你爸我把你弄进来，端着国家的铁饭碗你还不满意？不要看那些摆摊做生意的，赚了几个钱，那都是资本主义的小尾巴，长不了！你还是老老实实地当好你的试车工吧！

张小凯　我就不想当试车工，一身的柴油味，洗都洗不掉。
　　　　（从幕后传来李总的声音："老张，你还没走哇？"）

李尚德　（手拿试车卡匆匆忙忙上）正好还在这儿，你看看结果。这台机子的油耗指标离优等品标准还差 0.5 克，判定未达标。更为严重的是油底壳清洁度的检查，不但里面的杂质严重超标，而且在机油里面发现了半截铁钉。

张元凯　啊！油耗差 0.5 克还可以理解，那铁钉是怎么回事？油底壳里为什么会有铁钉？

李尚德　车间主任已经向保卫科报案，说是有阶级敌人——呃，不，可能是有坏分子蓄意破坏，你马上查一查看这台机子的试车工是谁。

张元凯　（一把抢过试车记录卡）让我看看！试车工号是 035，035……（猛然捶头）哎呀！035 号是他！

【保卫科长等人上场。

徐科长　你就是张小凯吗？请跟我们走一趟。

【切光。

【定点光。

陈金振　就这样，洋厂长来到工厂的第一天，就把张科长精心安排迎接创优检查的"仪仗队"冲垮了，还倒赔了一个儿子被抓进去关小黑房。

【定点光。

张元凯　这是个什么专家顾问啊？说是来帮我们创优，可是他不按套路出牌，突然袭击搞抽查，不但查得柴油机底朝天，还害得我的儿子小凯被抓起来了。小凯啊，你到底是怎么回事啊？

【定点光。

张小凯　这一台机子是经过我手试车的，油耗是达不到优等品的，但也是没有问题的合格品啊！这查出油底壳里面有一截铁钉，保卫科问我这铁钉是从哪里来的，是不是有意破坏。这我哪里知道！我虽然不想干这个试车工，总是吊儿郎当发点牢骚，但是我也不会干这种事啊！这回真是跳进黄河也洗不清了！

【定点光。

陈金振　那一年我们厂的创优活动开展得轰轰烈烈，真是一波未平一波又起，这边张科长的问题还没有解决，那边李总工程师又出问题了。

【暗转。

第二幕／格里希受邀当厂长　李总工担责被开除

【时间：几周以后。

【地点：总工程师办公室。

【墙上有一张《毛主席视察中国第一台手扶拖拉机》大幅照片。李总和格里希在激烈地辩论关于柴油机创优的问题。

李尚德　尊敬的格里希先生，我们武汉市与贵国的杜伊斯堡市是友好城市，我非常感谢联邦德国退休工程师协会对我们的大力支持，派专家来我国帮助我们提高工业技术水平。我在专家名单中特地挑选您这位质量管理专家，聘请您来武汉柴油机厂当顾问，指望您帮我们冲击机械部优质产品称号，可是您这么一搞，把我们大战一百天创优质夺高产的运动彻底搞熄了火。

格里希　李先生，你是一个工程师，你知道一个工厂要提高产品的质量不是靠搞运动能搞好的。

李尚德　你不了解中国的国情，以前我们发动群众大干快上把产量搞上去了，现在要提高产品质量，我们还是用创优运动来发动群众，一个一个台阶地上，这么多年我们都是搞运动过来的。

格里希　你们这是急功近利、弄虚作假，这种做法是不对的。

李尚德　您不能说这是急功近利、弄虚作假。我是有底线的，我是不会让不合格的产品出厂的。

格里希　谁来守住你的底线？是试车工小张，还是检验科科长老张？守住底线不能靠人，要靠管理制度！

李尚德　"文革"中我们以前的那一套管理制度都丢光了，现在要拨乱反正、大干快上，我们用这种方法是行之有效的。

格里希 我是不了解你们的国情,但科学是不分国界的,我们要用科学的态度来提高产品质量。我也曾经历过困难时期,那时,我们的工厂衰败得厉害;我也在非洲的埃及工作过,那里的条件也很差。但不管是在哪里,都是一个道理,就是要靠自己的双手认认真真地去做,一点一滴地恢复生产,提高质量。可是,这几天我在车间里看到的都是迟到、早退、聊天、抽烟,零件随手一扔,干活漫不经心。我还学会了中国的一个词"马马虎虎"。这些坏习惯不改过来,光靠搞运动、喊口号能够创优质产品吗?

李尚德 您说的这些现象确实存在,这冰冻三尺,非一日之寒,好的习惯要慢慢地养成。您说的这些不是技术问题,我也没有办法解决。

格里希 不是技术问题就与你无关吗?

李尚德 我只是一个总工程师。

格里希 你是总工程师,你就要对全厂产品的质量负责!

李尚德 可是厂长要产量! 我们国家实行的是计划经济,在保证质量合格的前提下,完成国家下达的任务才是最重要的。所以有些时候质量和产量发生冲突的时候,我得听厂长的!

格里希 要是我当厂长,就绝不允许这样的事情发生!

李尚德 可您不是厂长! 我也希望厂长把产品质量放在第一位,可惜你我都不是厂长,都只是一个工程师。

【切光,暗转。

【当天晚上,胜利饭店的房间内景,格里希在跟她夫人打电话。

【两束追光照亮格里希和他的夫人。

格里希　（手拿电话机在房间焦急地来回走动）喂，喂，亲爱的安，你听得见吗？

格夫人　（也是手捧着电话机，急切地与格里希通话）啊，威尔纳，我听得见。你还好吧？

格里希　好！好！一切都好，就是有点累。

格夫人　你还是那个老毛病，一干起活来就忘记了时间，现在北京时间几点啦？这么晚了你还没睡，打电话有什么事吗？

格里希　非常遗憾地告诉你，我不能按时回来见你了！

格夫人　你不是说好去中国四个月，就回来陪我去医院看病的吗？我现在腿还在疼呢，你怎么不能回啦？

格里希　原谅我，就是我多嘴说错了一句话！

格夫人　Oh mein gott！（德语“啊！我的天啦！”）你说错了什么？他们把你扣起来了吗？

格里希　哪里哪里！他们不是要扣我，是要请我，请我当武汉柴油机厂的厂长，所以我就暂时不能回来了。

格夫人　啊！吓死我啦。他们请你当厂长？谁请你啦？中国的工厂都是国有企业，他们请你当厂长？

格里希　是啊！是他们武汉市的市长说的。他们要请我这个联邦德国老头来当他们国有企业武柴的厂长。

格夫人　你不是去当顾问的吗？你是不是口无遮拦，在那里乱说一气，瞎吹牛？

格里希　亲爱的安，还是你了解我，就是我自己多嘴，当我看到武汉柴油机厂的种种乱象时我就说：“如果我来当厂长，这个厂里的一切乱七八糟的事就不会发生！”于是，他们就真的请我当厂长了。

格夫人　可是中国工厂的厂长你当得了吗？

格里希 我也不知道中国的厂长我当不当得了,我后悔我说过的话,我还是想回国陪你去看病。

格夫人 那你就礼貌地谢绝他们吧!

格里希 不行不行!我自己说出去的话,怎么能说话不算数?

格夫人 那怎么办?好为难啊!

格里希 我有一个办法,让他们收回要我当厂长的邀请。

格夫人 我亲爱的威,你总是会有办法的!

格里希 我提一个条件,他们能答应我,我就当;不能答应,我自然就不当了。

格夫人 他们既然想请你当厂长,肯定会答应你的条件。

格里希 我提的一个条件,他们是不可能答应的。

格夫人 那是一个怎样的条件?

格里希 先不告诉你,等他们收回邀请,我就回来陪你上医院。亲爱的,等着我吧!

【切光,暗转。

【第二天早上,在总工程师办公室,工厂主要干部都在场,刘市长进来与大家握手。

刘伯宽 今天邀请大家来开一个很特殊的会。首先,我代表武汉市委、市政府,正式向联邦德国专家格里希先生提出邀请,出任武汉柴油机厂的厂长。格里希先生,您有什么意见?是否接受我的邀请?

格里希 尊敬的市长先生,我来武汉柴油机厂已经快六周了。我走遍了武柴的各个车间,所到之处,看到工人劳动纪律涣散,企业管理混乱,不遵守工艺纪律导致的质量低下和废品率高等问题比比皆是!更为严重的是,在迎接部质量检查组时搞什么"仪仗队"弄虚作假。我是说过"如果要我来当厂长的话,这一切都不会发生!"不过,真的要我来当这个厂长,那我是有条件的!

刘伯宽 您有什么条件尽管说，市委一定支持您！

格里希 要想革除种种弊端，重造一个有纪律、有科学精神的武柴，我上任要做的第一件事就是要开除总工程师李尚德和检验科科长张元凯！市长先生，如果我这样做，你还要我来当这个厂长吗？

刘伯宽 （非常惊讶，打着哈哈不急于回答）啊，是这样的。我非常欣赏格里希先生认真而坦率的精神！您初次来到中国，也曾到处走走看看，表面上看到的都是一派祥和秀丽的景象风光。可是当您深入到中国的工厂、农村，就会看到中国社会曾经经历过的苦难和落后。我们中国是个农业国，我们的工人都是从农民转变过来的，而且中国没有经过近代大工业的洗礼，近代大工业是最有组织性、纪律性的，可是我们的干部和工人在这方面很少得到锻炼，所以您看到问题不足为怪，这也就是我们为什么要请您这个老师的原因。您来当厂长，您来教他们怎么做不就很好吗？为什么要把他们一棒子打死呢？

格里希 你们中国有句话叫"乱世用重典"，必须有人对管理混乱、质量低下负责。如果不能答应我的条件，我也不会答应你的邀请。

刘伯宽 武汉柴油机厂发展到今天这样，这位李总工程师可是我们的功臣啊！您能不能网开一面？

李尚德 （对于格里希提出的条件很震惊）别提功臣了！还提那些事有什么用！

刘伯宽 （灯光照亮墙上的《毛主席视察中国第一台手扶拖拉机》大幅照片）格里希先生，您看过这幅照片吗？我来给您讲一讲这幅照片背后的故事吧！

格里希 啊！这不是毛主席视察中国第一台手扶拖拉机吗？我

听说过。

刘伯宽 那还是在 1958 年，武汉柴油机厂的前身是一个生产双轮双铧犁的小厂。

李尚德 那个时候厂里还没有工程师和技术员，当工人师傅们在日本的商品展览会上看到手扶拖拉机的展品时，觉得那个东西太好了，我们的农民太需要它了！

刘伯宽 于是武柴的干部、工人就一起动手试制手扶拖拉机。

李尚德 那时候我们没有图纸，没有技术。工人们每天夜里都跑去偷偷地测绘。回来后就用简陋的机床仿制，有的零件完全是用手工一点一点地做出来的。就这样，我们武汉柴油机厂才造出了中国第一台手扶拖拉机，毛主席还来武汉亲自视察过我们的拖拉机产品。

刘伯宽 李总是新中国培养出来的第一批大学生，是武汉柴油机厂的第一个工程师。

李尚德 自从我来到武柴以后，就和工人师傅们一起大搞技术革新和技术革命。用了十年的时间，我们建起了十几条生产流水线，武柴年产达到 16000 台的水平。

刘伯宽 后来的事你也知道，中国经历了"文革"，工业生产受到严重的冲击，产生了您看到的种种乱象。

李尚德 在我当上总工程师以后，我就致力于提高产品质量，立志要造出能与日本产品相媲美的拖拉机，可是"文革"夺去了我的时间，十年啊！人生有几个十年？在我工作的这最后一个十年，我真想大干一场，一定要为武柴创出优质名牌。可是出师未捷身先死，洋厂长要开除我，我不甘心啊！

刘伯宽 你为中国农机事业所做的贡献，人民永远不会忘记！

张元凯 李总觉得冤，那我更是觉得冤！我是从农村出来的，我亲眼看到农村这几年的变化，自从搞了包干到户以后，这日子过得一天一个样！我们生产的手扶拖拉机特别受农民的欢迎。它不光用于耕田、耙地、跑运输,连接新娘都是用它！别看我们现在年产万台,可农民就是买不到。老乡们想买一台小拖,还要找熟人开后门要指标。我干这个工作,就是想提高产量,农民买得到,工厂多赚钱,我们多发奖金。至于产品质量,凭良心说,不合格的一台我也没放过。只不过是优质品少了一点而已,我搞个"仪仗队"没落着好,还把我儿子当坏分子抓进去了。现在还要开除我,我在武柴干了几十年,叫我这老脸往哪儿放?

刘伯宽　格里希先生,这两位说的可都是肺腑之言啊！您听了以后还愿不愿意来当这个厂长?还愿不愿意来当老师教他们?

格里希　市长先生,对不起！我讨厌弄虚作假,我是个不会撒谎的人。说老实话,昨天晚上我和太太通电话了,我答应过她在中国干四个月就回去陪她看病。所以我提了一个你们不可能答应的条件,你们收回邀请,我就可以回去陪我的太太了。

刘伯宽　那您现在还坚持您的条件吗?

格里希　是的,我说话是算数的。

刘伯宽　好的,我也是说话算数的。既然要您当厂长,那一切就由您说了算！在这个武汉柴油机厂,从现在开始,就实行厂长负责制。他们两个人怎么处理,也交给您这个厂长了。

（李尚德、张元凯同时说:"你就答应他了?"看到市长如此表态,李总和张科长就像被判了死刑,绝望了。）

格里希　你真的答应我了?

刘伯宽　是的！

格里希　他们两个也交给我处理?

刘伯宽　是的!

格里希　(被刘市长的诚意所感动,沉思片刻)既然市长先生如此器重我,那我也就当仁不让了。从现在起,我就开始行使我的权力了。(走到李总身边)

李先生,我知道,是你亲自邀请我到武汉柴油机厂来当顾问的,没想到却是我要开除你。你不会恨我吧?

李尚德　你我之间并无个人恩怨,何谈恨你?

格里希　(再走向张元凯)为了重建武柴的质量纪律,你也要受到最严厉的处分了!

张元凯　你连李总都敢开除,何况我一个小小的检验科科长。

格里希　(拉着李总走向前台,伴以一阵激烈的鼓声。)现在我宣布:"免去你武汉柴油机厂总工程师的职务。此决定从1984年11月15日起生效。"

【李总如五雷轰顶,欲哭无泪。】

格里希　同时,我还有一句话要说。

李尚德　什么都不要说了!

格里希　你不要难过,从你的身上,我看到了中国工程师为了振兴民族工业的一片赤诚之心,也看到了中国工程师与德国工程师之间存在的差距。但我们同样是工程师,我们有生产出优质产品的共同愿望。在你卸任以后,我会通过 SES 推荐你到联邦德国的发动机厂去考察进修。有关费用由我私人赞助。你学习归来后可以为中国的农机事业继续奋斗。

【众人大惊失色,李总回过神来,紧紧地握住格里希的双手,泪流满面。格里希则紧紧地拥抱李总。】

李尚德　格先生,武柴就交给您了!

格里希　(走向张科长)至于你张元凯先生,同样我要坚持免去你检验科科长的职务,你从农村来,还是回到农村去吧!

张元凯　(仰天长叹)我的个天啦!捧了一辈子的饭碗还是搞砸了!

格里希　不是要你回去当农民,是把你调到三包服务队去当队长。要你去做柴油机售后服务,去教那些农民怎么用柴油机、怎么修柴油机。

张元凯　啊?那我的饭碗还没有砸?

格里希　你的那些技术,当检验科科长已经不够用了,这个位置应该让给年轻人,把你的技术用到该用的地方去吧!

张元凯　是,是。这个检验科科长我不当了,我去修柴油机,这个工作我会!

格里希　还有一个消息要告诉你。这几天我一直在车间里转,我是在研究那一台柴油机油底壳里的铁钉到底是从哪里来的。

张元凯　是啊!我也想不通,这铁钉是从哪里来的。小凯他正在追李总的女儿,他想在这次创优活动中立功,好在李总面前显摆显摆,他没有理由搞破坏呀!

格里希　我在铸造车间蹲了三天,检查了几百个清铲后的铸件,后来我搞明白了。那是因为在气缸体铸造时,固定泥芯的铁钉黏在铸件的内壁上,后期清铲时没有清理干净,在开机试车时由于振动掉进油底壳中。所以并不是人为破坏,与试车工张小凯无关。这只是一个不重视产品质量的偶发事故。以上结论我已经向保卫科讲了,张小凯现在已经回家了!

张元凯　哎呀!您真是个青天大老爷啊!保佑我儿子没事了!谢天谢地谢谢格里希!(双拳紧抱,向格里希鞠躬,格里希则紧紧握住他的双手并拥抱他。)

格里希　下到第一线去好好干吧！这就是你为这次质量事故付出的代价。

刘伯宽　（鼓掌）好，格里希厂长果然出手不凡！（问格里希）那这件事就这样定了？

格里希　我还要向夫人汇报，她批准了，这件事才算定了！

【大家都笑了。

【切光。

第三幕 / 三斧头打破大锅饭　小情侣厂长面前定终身

【(陈金振画外音):格里希正式上任厂长后,就开始了他的新官上任三把火:第一把火,开除了总工程师和检验科科长;第二把火,改革劳动工资制,实行定岗定责、多劳多得;第三把火,建立严格的质量管理制度。这一下子把武柴闹了个人仰马翻,他的改革触及了每一个人的利益,引发出了很多矛盾。我呀,那阵子就是跟着洋厂长到处灭火啊!

【灯起。

【在武柴厂房基本场景下,依次出现以下三个表演区场景。

【在舞台中部与第一幕相同的场景表演区,仓库保管员林师傅正站在门口,与过往的人聊天。

林师傅　小张,过来歇会儿,来,抽根烟。

张小凯　(停下推车,接过林师傅递来的香烟)上班的时候抽烟,不怕被洋厂长看见?也不躲着点!

林师傅　在仓库里头更不敢抽烟啊!在这儿抽被发现不起挨一顿训,在里头抽可要被罚款的呀!

张小凯　老实点吧,以后罚款的日子还多着呢!你这点工资还不够罚款的。

林师傅　你老爸这段时间还好撒?

张小凯　好个屁!像他那样的老工人,为武柴忠心耿耿几十年,都只落得这个下场,寒心啊!

林师傅　那李总比你爸还要掉得大!人家可是市里的红人,一下子身败名裂！你这个李总未来的女婿伢,得到老亲爷的批准没有？

张小凯　别提了,小梦他爸受了这个打击,一心要他的宝贝闺女学好外语,以后出国留学,跳出这个穷武柴。

林师傅　那你要抓紧咧！莫让她跑了。你听说了冇？洋厂长要搞工资改革,我们都要加工资了咧。

张小凯　想得美！他不是说像以前那样,凭工龄涨工资,人人有份。他是说按劳付酬,多劳多得,像你这样的看仓库养老的地方,只怕不会加工资,搞得不好还要降呢！

林师傅　啊！有这种事？我这干了几十年的老工人,指望加点工资好退休,这不但加不成可能还要降,你莫搞错了啊！这可是社会主义国营工厂咧,你听哪个说的？

张小凯　喏！听他们说的！

【切光。

【灯起。

【舞台右前方第二表演区：格里希与工会主席陈金振、劳资科长、人事科长、财务科长、车间主任等人在讨论工资改革方案。

格里希　我发现我们的工资制度是很不合理的。一个车间主任只拿 50 元,像那个仓库保管员林师傅,却拿到 80 元,因为他的工龄比车间主任长；一个在第一线的工人,20 多岁的小伙子,就像那个张小凯,就更惨了,只拿 30 多元。如果像这样下去,谁还有劳动积极性,熬年头混日子罢了！

陈金振　今天格里希厂长把大家找来,是要我们拿一个方案,来改变目前这种不合理的现象。

格里希　我的原则是多劳多得,按劳付酬。我曾经设想实行计件工资制,但我们的基础太差,这一步不能跨得太大。

所以我想先实行结构工资制。一个人的工资由基础工资、工龄工资和岗位工资组成。这样既兼顾了公平，又体现多劳多得。各位对于武柴的情况都很熟悉，希望你们对每一个岗位都进行仔细的评估，首先定岗定责，再定岗位工资。

车间主任　这样个改法向我们生产第一线倾斜，像我们车间年轻人多，都有希望加工资，大家肯定都高兴！

人事科长　别高兴得太早。还有那些工龄长的老工人、老干部，没文化没技术，就是资格老。要这么一改，他们的工资不但没得加，可能还要降，比如刚才说的那个林师傅，他不跟你闹翻天才怪！

劳资科长　这样改革的结果，肯定是工资增加的人多，工资降的人少，工资总量会增加。

财务科长　这样一来，我们产品的成本也会增加。

格里希　全厂有 2000 个左右的职工，工资改革确实不是一件轻率的事情，将涉及方方面面的问题，所以才找大家来商量。对于领导者来讲，调整工资是一门艺术，没有任何艺术比这种艺术更有艺术性！想要做到每一个人满意那是不可能的，我不允许在某一件事情上没完没了地争执，岗位工资定下来了以后拿到我这里来批准。要知道我在中国是没有任何亲戚朋友的，我对每一个人都一视同仁。大家努力工作吧，尽快拿出方案初稿。

【切光。

【灯起，回到第一表演区。

张小凯　听到了没有？这工资改革不容易，加几个钱还不知道是哪一天，那罚款扣工资可是说干就干的啊！

林师傅　都说新官上任三把火，洋厂长来了有三斧头。这第一斧头把李总和你爸砍了,这第二斧头要砍铁工资,可能就砍到我的头上。这第三斧头是个么事?要砍哪个呀?

张小凯 第三斧头在检验科。是把尚方宝剑交给"红衣主教"了,逮着谁砍谁!

【切光。

【灯起。

【舞台左前方第三表演区:格里希与全体检验员在一起开会。

格里希 张元凯先生已经被免去了检验科科长的职务,其中的原因大家也清楚。我要在武柴建立一支大公无私、铁面无情的检验员队伍,对一切不合格的产品敢于说不!我将给每一个检验员发红色的工作服。当你穿上这红色的衣服,你在工厂里就是法官,对产品质量有绝对的否决权。现在需要一位有坚定信念的科长带领大家一起执法,你们每一个人都可以竞争上岗。

怎么样?谁愿意来当检验科科长?谁都可以发言!

【众说纷纭,叽叽喳喳。

检验员甲 干检验科科长责任大不说,还尽得罪人,搞得关系蛮好的同事都怕你,见了面都躲着走。我才不当那个官咧!

检验员乙 检验科科长是个受气包,判严了下面不喜欢,判松了上面不高兴,左右为难,里外不是人。我也不想当。

余梦笋 我愿意!(众人震惊)

检验员甲 余梦笋,李总的干女儿!

检验员乙 你的干爸刚被洋厂长砍了,你又伸出脑壳接石头!

格里希 啊!你就是那个会几句英语的小翻译。你也是检验科的？自我介绍一下。

余梦笋　我叫余梦笋，是一名刚毕业的大学生，到检验科当检验员干了快一年。

格里希　他们刚才说，你是李尚德先生的女儿？

余梦笋　是的。李总是我的义父，张科长是我男朋友的爸爸，他们昨天都被你免职了，才有今天我来竞选检验科科长。

格里希　谈一谈你为什么要竞争检验科科长这个职务？想要给你义父"报仇"？

余梦笋　不是为了"报仇"，是为了"报恩"！我要报答我的义父李尚德。

格里希　报恩？报什么恩？报谁的恩？

余梦笋　说来话长，那还是在 1976 年。李总被下放到我的老家湖北阳新，在"五七干校"劳动。有一天我爹开着手扶拖拉机为干校送红砖盖校舍，车开到一个下山转弯的地方，柴油机突然失去控制，刹不了车，减不了速，一下子冲到山下去了。我爹受了重伤，从此丧失了劳动能力。

（随着余梦笋的讲述，背景上出现相应的视频画面：一台手扶拖拉机失控冲下山坡，发出震耳欲聋的声音。李总大喊："快熄火！快刹车！……"）

李总赶到现场抢救我爹，亲眼看到小拖因为质量不好发生的事故，导致一个农民的家庭陷入困境，他深感自责，痛苦万分！

【定点光。

（李总半跪在地上，抱着负伤的余梦笋爸爸："都怪我！都怪我！是我害了你！是这个破柴油机害了你！我的农民兄弟啊！"）

【切光。

从此以后，他就资助我家。李总在 1978 年从"五七干校"回到武汉时，就认我为义女，把我带到武汉上学读书，培养我长大成人，一直到我成为武柴的一名检验员。今天，我不仅要报答他对我的养育之恩，还要完成他在武柴未竟的事业，把柴油机的产品质量搞上去，为创优质名牌出一把力。

格里希　好！为了一个共同的目标，前赴后继！有这种精神就好！我不管你是谁的女儿，我只看能力、看勇气，这个检验科科长你来干，我看行！

【众人热烈鼓掌。

格里希　我现在就把武汉柴油机厂第一件红色工作服发给你，希望你帮我把好产品质量关。以后凡是不合格的产品，无须请示我，格杀勿论！

【格里希调皮地在脖子上做了一个"杀头"的手势，大家鼓掌大笑，齐声高喊："红衣主教！红衣主教！"

【切光。

【灯起，回到第一表演区。

张小凯　这三斧头砍下来，武柴真是翻天覆地了哦！不跟你聊了，我还有事，走了！

林师傅　有什么加工资的消息就告诉我啊！

【张小凯向车间方向走去，天色渐晚，场景随之变换。余梦笋下班出来。

余梦笋　小凯，你还在这儿啊！

张小凯　我在这等你都快一个多钟头了，"大三洋"也提来了，就等你下班！

余梦笋　我这不是忙着嘛！人家格厂长也没下班呢！

张小凯　饿了吧？给你先垫垫。（递上一个苹果）

余梦笋　（接过咬一口）你也吃！（递到小凯嘴边）

张小凯	我知道你忙,你都快把我忙忘记了,科长大人!
余梦笋	干什么呀你? 阴阳怪气的!
张小凯	洋厂长把我爸的科长砍了,你倒好,捡了一个大便宜。这科长给你当上了。你不要忘记,洋厂长把你爸也砍了,你还去当他的科长! 小叛徒!
余梦笋	(生气了,把苹果往小凯怀里一扔)小凯,你不要胡说! 格厂长不是坏人! 你不要忘记,还是格厂长证明了你的清白,救你出来的。要不是他,你还在里面蹲着呢!
张小凯	(接过苹果,又往梦笋手里塞)好,好,好,别生气,不说这事。说说我们俩的事吧。
余梦笋	我们俩什么事?
张小凯	本来说是想在这次创优中表现好一点,立个功、得个奖什么的,也好争取给你爸留个好印象。可这么一折腾,全搞砸了! 你爸现在还能同意我们俩好吗?
余梦笋	我爸这几天总是跟我叨叨,数说我们中国的工厂跟西方发达国家工厂的差距,数说我们中国工程师与外国工程师的差距,要我学好外语,准备以后出国留学,看来我们俩的事,现在还早着呢!
张小凯	你要真的再去上学,以后成了留学生,那你爸更加瞧不起我这个穷工人了。
余梦笋	我爸不是瞧不起你穷,是怕你不求上进,没出息!
张小凯	你是大学生,你将来可以当技术员、工程师,还可以当科长、厂长,我没读什么书,就一个臭工人,一天到晚像个油老鼠,你叫我怎么出息?
余梦笋	谁说当工人没出息,学好技术,吃苦耐劳,热爱本职工作,做出成绩来,一样有出息。
张小凯	可是我不喜欢当工人,我不想像我爸那样过一生。
余梦笋	可是你现在已经当了工人,你就只有先把这个工人当

好。我跟你说，你在试车房要好好干，别让我的那些检验员小姐妹抓住你的错，搞得我为难，罚你不是，不罚你也不是。听见了没有？

张小凯　这还真是个事呢！由于我上次出了个事故，这次定员定岗定责任工资，把我定了最低的一级。本来就不想干，这倒好，眼看着别人涨工资，我在一旁干瞪眼，这气就不顺。说不定哪天就弄出毛病，让你丢脸了！

余梦笋　你要是真出点什么事，别怪我"红衣主教"铁面无私，六亲不认，该打的打，该杀的杀！

张小凯　小梦，你变得这么无情无义，你不该认李总做干爸，你应该认洋厂长做干爸！

余梦笋　小凯，你！……你这个态度，总有一天会撞在格厂长的枪口上，把你当个典型给开除了！

张小凯　我不要让他开除我，我自己开除我自己，我不干了还不成吗？

余梦笋　你怎么不干了？你还真长脾气了！

张小凯　今天我就是找你出来商量这个事的。

余梦笋　这个什么事？

张小凯　现在改革开放了，有个新词叫"下海"，你听说过吗？

余梦笋　听说过，你想下海？

张小凯　我不想困在车间里，我想下海游泳去。淹死了归我倒霉，捞着大鱼归我发财。

余梦笋　那你下海能干什么？你又没什么文化，没什么技术！

张小凯　有个盲眼的残疾人在汉正街摆个地摊卖扣子都发了财，我一个好脚好手的小伙子还怕没事做？

余梦笋　未必你也想去汉正街摆地摊？

张小凯　摆地摊那是前几年的事，今非昔比了！现的汉正街更热闹了，黄陂和汉川的老乡到广州白马去批服装，到福

　　　　建晋江去批运动鞋,都成了大老板。我想到南方去闯
　　　　一闯,我怕再不下海就赶不上这一波潮流了!

余梦笋　你想好了真的要走?

张小凯　我想好了才跟你说的。

余梦笋　那你的意思是要跟我分手?

张小凯　不是! 我没那个意思。

余梦笋　那你要走不就是想跟我分手哇?

张小凯　那你还想出国留学呢? 你是不是也想跟我分手?

余梦笋　你……

　　　　【格里希和陈金振从试车车间里走出来

格里希　小余啊,你还没走哇?

陈金振　(看到气氛不对)你们在吵什么呢?

余梦笋　他说要跟我分手。

陈金振　啊,格厂长,他们是一对"小朋友"! (走向张小凯)怎么
　　　　啦? 你们俩玩朋友玩得好好的,分什么手哇? 吵架回
　　　　去吵,别在洋厂长面前丢脸!

格里希　这不是张小凯同志吗! 你是在欺负我们的"红衣主教"
　　　　小姐?

张小凯　没有,没有!

格里希　我好像听说什么"分手",谁要分手?

余梦笋　是他说不想在武柴干了,要走!

格里希　哦? 是吗?

张小凯　格厂长,我,我,我不想干了。我要下海,我想到南方去
　　　　闯一闯。

陈金振　小凯,你这是胡说些什么呢? 什么分手下海的? 还有什
　　　　么闯一闯,你这是要闯到哪儿去呀?

张小凯　可是我说要走,不是要跟她分手啊! 你问问小梦,她还
　　　　不是想要走。

格里希	（问余梦笋）你也要走，你想到哪去呀？
余梦笋	哎呀，不是！我是说学好英语以后好申请出国留学，又不是现在要走。
张小凯	她说我想下海是要跟她分手，我没有！
余梦笋	你就是！
格里希	我听明白了，这两个小朋友都不想在武柴干了。
陈金振	你们这不是找死吗？现在正在搞劳动制度改革，精简机构，定岗定责，人家生怕丢掉了岗位，你们还不想干了？不怕真的撞上格厂长的枪口啊？
格里希	要走就走，不要阻拦！
陈金振	格厂长，你别听他们胡说八道，他们不是真的想走。
格里希	张小凯，你想好了，你现在就想走？
张小凯	嗯！（使劲地点头）
格里希	余梦笋。你也想好了，你以后要走？
余梦笋	嗯！（轻轻地点头）
陈金振	格厂长，你不是想拿他们当典型开除他们吧？他们两个人太年轻，还是个大孩子呢！
格里希	陈主席，正因为年轻，他们才想出去经风雨、见世面，他们的想法都没有错，两个人的想法我都支持！
	【三个人听到格里希的话，全部一惊。
陈金振	您支持？
格里希	每个人都有权利去干自己喜欢的工作。工人的岗位应该有进有出，愿意干的留下来，不愿意干的可以走。有竞争才有活力，我为什么不支持你走呢？
张小凯	（激动得直跺脚，他没想到格厂长会支持他，憋了半天才说出来）你不开除我，你还支持我？（深深鞠了一躬）谢谢格厂长！
格里希	不过我还要送你一句话，当工人要讲质量，做生意要讲

信用。不管做哪一行，道理都是一样的，那就是要"认真"！

张小凯　格厂长，我记住了！小梦，那我就先走一步了啊！

余梦笋　你走吧，我不要再见到你！

格里希　余小姐，这就是你的不对了。你的愿望我也同样支持。等你把托福考过了，我来帮你申请学校，帮你选一个称心如意的好学校去留学。

余梦笋　真的吗？那太好了！谢谢格厂长！

张小凯　我们还能见面吗？我可不想跟你分手啊！

陈金振　不想分手那就回来啊！

格里希　对，我现在放你们出去经风雨、见世面，学成归来建设武柴！

张小凯　格厂长的话我记住了！小梦，那我就先走一步！（转身拿出"大三洋"递到余梦笋的手上）这个你就留下用吧！我出去不混出个人样来不回来见你！

陈金振　小凯，你这句话我可记下了，早点混出个人样回来啊！

格里希　如果你们真心相爱，肯定还会见面的。幸福的生活在等着你们。

陈金振　对！对！对！格厂长说得真好！你不是说我这个工会主席要关心青年人的婚姻大事吗？你们今天就当着格厂长的面，互表衷心。请洋厂长当你们的月下老人！（把两人拉过来，站在格里希的面前。）

格里希　年轻人，祝福你们！为了理想，为了幸福，勇往直前，努力奋斗吧！

张小凯　小梦，等着我！

余梦笋　小凯，等着你！

【切光。

第四幕 / 王满妹甩手闹车间　格里希截焦炭受伤

【(陈金振画外音)格厂长刚把这一对小工人的矛盾处理好了,老工人那边的矛盾又冒出来了! 你看,这老林头师傅的一家,又上演了这么一出。

【时间:"红衣主教"上任后的某一天下午,天色阴沉。

【地点:基本场景＋铸造车间办公室内景。

【灯起。

黄主任　红衣主教,你又来啦? 这洋厂长三天两头地往我们车间跑,你可是天天来,看来你们对我们车间是"情有独钟"啊!

余梦笋　谁叫你们是工厂的重点车间呢? 你们就是洋厂长的"儿子",他特别关照你们!

黄主任　你们饶了我们吧。别盯得太死,我们气都喘不过来了呢!

余梦笋　黄大主任,我下次来最好不要在这办公室看见你,你到现场的时间比洋厂长还少,当心他把你砍了!

黄主任　嘿,你这个小丫头——科长,我刚进办公室,屁股还没粘凳子呢,就被你看见了,有什么事快说吧,我还要到现场去呢!

余梦笋　跟你通报一下贵车间废品率的情况:前一段时间通过落实洋厂长对于铸造车间具体的整改意见,铸件废品率从以前的30%下降到10%,可是现在又上升了,昨天的指标已经达到18%。所以我加强了对你车间的巡视抽查,发现了不少问题。

黄主任　是些啥问题？

余梦笋　混砂机设备坏了一台，没有及时修复，导致这几天型砂混碾时间不够，这个问题对铸件最后的质量是有影响的。所以提醒你，立即修复混砂机，严格按工艺要求执行混砂时间。

黄主任　好的，我知道了，马上安排修理。

余梦笋　还有一件事。铸件抛丸清理岗位王满妹师傅，干活毛快。洋厂长规定每个铸件要从不同的方向吊挂进行两次抛丸，可是我发现有的铸件她只抛了一次，而且用压缩空气吹洗的时间也不够。第一次教育，第二次批评，今天我是第三次发现。如果报上去，是要扣工资的。你说报还是不报？

黄主任　哎呀，我的小姑奶奶，别报别报，千万别报！这个岗位的活又脏又累，还没什么技术含量，所以工资低，完全是个出体力的活，就连男同志也不愿意干。你还扣她的工资，别把她逼急了，她一甩手，我还没有人干呢！

余梦笋　那就这么宠着她？不处理啦？

黄主任　处理，处理，一定处理！这样，我去把她找来，当着你"红衣主教"的面，狠狠地批评她，要她认识错误，提高认识，下次不敢，怎么样？

余梦笋　从王师傅目前违反工艺纪律的情况看，还没有造成影响质量的后果，所以同意你的意见，再给她一次机会，批评教育，以观后效。

黄主任　好的，好的。那谁，把王满妹叫到办公室来！

　　　　【办公室工作人员应声："好的，我去叫。"

黄主任　小余科长啊，这一阵洋厂长一手抓质量，一手抓劳动制度改革，定员定岗定工资。下一步还要搞什么合同制，被他抓住了就不是扣工资的问题，那是要解除合同，也就是要开除的咧！这落实到车间，每一项都是难啃的骨头，我已经焦头烂额了，你千万不要给我添麻烦！

余梦笋　这劳动制度改革和工资制度改革，触及了每个人的利益。这个弯不是一天两天转得过来的，所以我也是尽量不罚谁的款，扣谁的钱。

黄主任　对呀，这转弯时车不能开得太快，搞不好会翻车！

王满妹　（人未到声先来）黄主任，找我什么事呀？起风了，有什么事快说！

黄主任　来来来！你呀，我怎么说你呢？你这干起活来，不怕苦不怕累，一颗红心永向党，这些我都是知道的，你是个好工人，好师傅！

王满妹　有话快说，有屁快放！我今天的活还没干完，天又快要下雨啦，没工夫听你闲扯！

黄主任　莫慌莫忙！你就是个火爆脾气，说话要拉！干活也要拉！毛快！你还是要按照洋厂长的规定，按部就班把那个抛丸做到位撒！

王满妹　哦！搞了半天是有人在告我的状！又说我没按那个工艺规程是吧？我没文化，搞不懂什么规程！我只看铸件一次抛干净了就行，没抛干净的就再抛一次。这样完成了任务又节约了时间，又么样不行呢？

余梦笋　黄主任，你看，我跟她说时她也是这个态度。你要是坚持不改，那我就按规定上报，照章罚款啊！

王满妹　你是"红衣主教"，你有尚方宝剑，要砍要杀随你的便！
（一阵电闪雷鸣，暴雨从天而降。）

黄主任　王满妹，你这是什么态度？你再这么犟我可救不了你啊！

王满妹　下雨啦！不跟你们扯，我走了！（扭头就走了。）

黄主任　这！这！这态度！唉！

余梦笋　黄主任,昨天我跟你说贮砂库的顶棚破损,你修好了没有? 现在下起大雨,如果顶棚漏水,型砂受潮,含水量增加,又会影响铸件质量的!

黄主任　顶棚倒是修好了,但是今天这么大的雨,贮砂库不是怕漏,而是怕淹!(急忙抓起桌上的电话机打电话，那个年代用的是电话总机,人工接线)砂库! 砂库! 喂! 老宋吗? 这么大的雨,情况怎么样? 啊? 积水都淹到门槛啦! 赶快组织人员抢险,用沙包筑堤。我请示厂部,调保卫科的消防水泵支援。(重新拨电话)要厂部! ……

【格里希披着雨衣,带着保卫科科长、工会主席等抢险人员,满头大汗地上场。

格里希　黄先生,你还在打电话! 难道你今天下午没看见天要下雨了吗? 下雨的时候你不觉得应该下现场去看看吗?

黄主任　我正在处理王满妹的问题。唉! 被她闹糊涂了!

余梦笋　黄主任正在跟王满妹师傅谈话。

格里希　王满妹怎么啦? 很重要的问题吗?

余梦笋　是的,很重要,她没有按照工艺规程对铸件进行抛丸处理,而且屡教不改。

格里希　哦? 她为什么不按工艺规程办? 还屡教不改?

余梦笋　她说她没文化,不理解。

格里希　不理解? 好,你去把她找来,我亲自跟她讲解。

黄主任　快! 快! 去把她叫来,洋厂长要找她。

【办公室人员跑下场去叫。

幕后声　王满妹不在。

黄主任　她到哪儿去了?

幕后声　她回家去了。

格里希　（听后大怒）什么？上班的时候回家去了！

余梦笋　刚才我说要扣她的工资，她一生气就跑了。

格里希　这种无视工艺规程、无视劳动纪律的行为，不是扣工资的问题，这样的工人应该开除！

【又是一声惊雷，一阵急风暴雨声。

陈金振　格厂长，这里面恐怕另有隐情。

格里希　你是工会主席，你可不能偏袒她！

陈金振　我们工厂地势低，而且在 50 年代建厂的时候，地下排水系统在设计上就先天不足，所以一下雨就淹水。王满妹住在工厂的简易平房宿舍，那里的地势很低，比工厂更容易淹水，我估计她的家也淹了水，回家抢险去了。

格里希　哦？有这样的事？你带我去看看，马上！

【切光，暗转。

【工厂职工宿舍。基本场景＋王满妹家平房内景。

【天已经快黑了，雨还在淅淅沥沥地下，陈主席打着雨伞，领着格里希来到王满妹的家。宿舍地势比厂区公路还低，所以陈主席和格里希是从舞台后面中部平台走下来的。

陈金振　格厂长看着！这里已经积水了。慢走，慢走！

格里希　这里就是职工宿舍吗？

陈金振　是的，武柴的老工人都住在这里，现在都住满了。后来的年轻工人还没有房住。

格里希　怎么这么破破烂烂？完全像个贫民窟。

陈金振　我们武柴是由十几家私营机械修理厂合并而来的，在 1958 年进行了重建，成了一个现代化的工厂。但是，我们国家底子薄，力量主要投入到工厂建设中，没有更多的钱拿来盖宿舍，就做了一批简易平房，所以这个地方就叫简易宿舍了。这里就是王满妹的家，这边走。

格里希	建厂到现在已经快 30 年了,工人就一直住在这里?
陈金振	是啊! 快 30 年啦,当然是又破又烂啊。当时的年轻小伙子,现在都是一大家子人了,还挤在这么小的平房里。王满妹的公公婆婆都是武柴的老工人,她的公公就是成品仓库保管员林师傅。
格里希	这个人我认识。
陈金振	她的丈夫叫林学工,是供销科副科长,分管物资采购。家里还有一个卧病在床的婆婆和一个正在上学的儿子。
格里希	一家五口人,四个都是武柴职工?
陈金振	是的,这种情况在我们厂里很多,一家人都靠武柴生活。
格里希	这个地方地势确实低,排水设施也很不好。走,我们进去看看。
陈金振	满妹,格厂长看你来了!

【宿舍内景灯起,王满妹和林学工从里屋出来,大吃一惊。

王满妹	啊! 洋厂长来了? 要开除我等到明天都等不得,今天晚上就上门来了?
陈金振	莫瞎说,格厂长听说你家淹了水,特地来看望你来了。
王满妹	洋厂长来看我? 黄鼠狼给鸡拜年吧!
林学工	(赶紧拦住她)胡说些什么呢? (开门)啊! 格厂长来了,快请进来! 外面雨大。您请坐! 您请坐! 啊……(尴尬)坐的地方都没有!
格里希	王满妹女士,你辛苦了! 家里的老人和孩子都安排好了吗?
王满妹	要不是我回来得快,他奶奶就睡在水里了!
林学工	安排好了,安排好了! 多谢格厂长关心!

171

格里希　你们一家五口人，全部都住在这里吗？

王满妹　里外两间，公婆睡里间，我们睡外间，儿子睡暗楼。吃喝拉撒睡，全在这儿啦！

格里希　孩子都这么大了，这也不方便啊！

林学工　是啊！嘿嘿！两口子想办点事儿都不成。

【里间传来婆婆咳嗽声和叫喊声："满妹，水！水！"满妹应声进去了。

格里希　老太太得的是什么病？

陈金振　她原来是我们铸造车间的老工人，后来得了硅肺病，常年咳嗽气喘。现在天气转凉，她就卧床不起了。

格里希　到医院看过没有？

林学工　看过看过，我们老工人看病都有保障。

格里希　有什么困难找他（指陈主席），他不帮你解决就来找我。

林学工　陈主席是个好人，对我们都蛮照顾的，有些事他也解决不了，也不能难为他。

格里希　陈先生，他家的困难你还没有尽力解决吗？

林学工　不是不是！前些时送我妈到医院检查，说是硅肺病晚期并发肺部感染和心脏病，医生说要住院，可是没有床位。这陈主席可没办法解决。

格里希　那可不能耽误，一定要送她去住院。陈先生，你明天把她的病历给我拿来，我给同济医院的院长裘法祖博士打电话，让他帮忙安排床位。

陈金振　这下就好办了，裘法祖院长是从联邦德国留学回来的，裘院长的夫人和格厂长的夫人是老朋友，格厂长开了口，床位再怎么紧张也要安排。

林学工　哎呀！那太好了。麻烦格厂长费心了！病历有，现在就给你。满妹，快把老娘的病历找出来！

王满妹　（拿着病历出来）现在要病历干什么呀？

林学工　格厂长帮忙安排妈去住院用。

王满妹　啊？格厂长帮忙……真的不是来开除我的？（愣住了，一阵柴油机试车的轰鸣声响起）

格里希　陈主席，我们不是在王满妹师傅的家里吗？我怎么还是像在车间一样,听到柴油机的轰鸣声？

陈金振　格厂长,这个职工宿舍与柴油机试车车间只有一墙之隔,几十百把台柴油机一起轰起来,这噪声就传过来了。车间里不下班,人在宿舍里就别想睡觉。

格里希　这怎么行! 我完全没有想到,以前我只关心生产,要求我们的工人每天在工厂里辛勤工作,可是他们下班以后是回到这种条件的房子里生活。看到你们的宿舍,我的心在流血!

林学工　没什么,没什么,我们习惯了! 厂里只有这个条件,我们有宿舍住就算不错了!

格里希　王满妹师傅,我只想到大雨会淹了工厂,没有想到大雨也会淹了你的家,我错怪你了,对不起! 我是厂长,我没尽到责任。今天我看到了,我不能让这种情况再继续去了!

【王满妹感动万分。

王满妹　格厂长,您老别生气! 今天是我的不对,以后我一定按工艺规程办,把生产搞好。

格里希　你不是说没文化,不懂工艺规程吗？

王满妹　我是不懂工艺规程,但我懂得做人,格厂长您这样关心我,厂里的任何事我都会做好。

格里希　这就对了,我是厂长,你是工人,我们团结起来共同努力,把柴油机的产量和质量搞上去,工厂的效益好了,我们盖宿舍!

林学工　那就太好了! 盼望有那一天!

陈金振 　那就这样了，格厂长还有事，我们就走了，你们也早点休息！

　　【格里希与王满妹、林学工互道再见，走出家门，收光。

陈金振 　格厂长小心，从这边走，有水！

格里希 　这里要加一盏路灯，这么黑，下夜班回来的人怎么走？

陈金振 　是的，明天我跟行政科管后勤的说一声。

　　【从厂区公路照射过来一束灯光，接着有汽车开过去的声音。

格里希 　这么晚了，怎么还有汽车到厂里来拉货？他们在拉什么？

陈金振 　我去看看。（跑上公路查看路面，捡了一块黑乎乎的东西）格厂长，他们拉的是焦炭！

格里希 　有人半夜偷运工厂的焦炭！（跑上公路拦车）Parkplatz！ Parkplatz！（德语：停车！ 停车！）

　　【又一束车灯的光柱照亮格里希，一个高大伟岸的身躯像一座塑像。

陈金振 　格厂长，危险！（陈主席一个箭步跑上去，抱住格厂长，两人滚下公路，汽车呼啸而过。）

　　【切光。

第五幕／格厂长爱民如子　老夫妻伉俪情深

【时间：紧接上场。

【地点：格里希的办公室。

【定点光。

陈金振　格里希摔了一跤的消息惊动了市委，刘市长当天晚上就来看望他。但他却借此机会向市长提出要为武柴职工盖宿舍的问题。

【暗转，办公室内景，格里希半躺在沙发上，曹医生正在为格里希诊治。

陈金振　曹医生，怎么样？还好吧？

曹医生　还好。就是腿上摔了一块乌青，手蹭破了一块皮。搽点药，过几天就好了。

陈金振　没事就好，这么大年纪摔了一跤，把我都吓死了，格厂长，你快躺着休息吧！我把这换下来的衣服拿去洗一下。

曹医生　陈主席，你在这陪他，我去洗吧！（拿衣服下场）

陈金振　还是我去吧！（欲追下，迎面遇到刘市长上来）啊！刘市长，您来啦！格厂长在里面。

刘伯宽　格里希先生，您还好吧？听说您摔了一跤，饭都没吃就赶过来看您啦！怎么样？伤着没有？

格里希　还好，就是蹭破了一点皮，没什么事。市长先生，你辛苦了，这么晚还来看我。

刘伯宽　您这么大年纪，不远万里来到中国帮助我们，一定要注意身体，您要是摔伤了，我可不好向格夫人交代！

格里希 我身体没什么大碍,就是很生气!

刘伯宽 您要是把我当朋友看待,就把您的不高兴冲我来吧,有什么气冲我出!

格里希 武柴现在生产形势一片大好,产量上去了,可原材料又跟不上。幸亏有你市长先生的支持,大家都知道武柴有我这个洋厂长。这焦炭是以我的名义,找武昌焦化厂的厂长,在国家计划之外特批给武柴的。我费了这么大的力气弄回来的焦炭,居然有人不经过我的允许,偷偷地卖了!

刘伯宽 这是不像话,谁这么大的胆子? 好好查一查!

格里希 我已经责令保卫科,立即清查焦炭的进出账目,看是谁把它卖了? 卖给了谁? 卖了多少钱? 如果发现有人徇私舞弊,中饱私囊,我一定严惩不贷!

刘伯宽 我支持您彻底清查,不管是谁,该处分您都有权处分。

格里希 有市长先生的支持,那我就不客气了。

刘伯宽 格里希先生,您到武汉柴油机厂来当厂长,正赶上了一个好时候啊! 不是我一个市长在支持您,而是我们的党中央在支持您! 今年,党中央、国务院出台了一系列支持改革开放的政策。这才是您这个洋厂长的靠山。

格里希 刘市长,你知道为什么我会在晚上发现他们偷运焦炭? 我是在从武柴的职工宿舍回来的路上遇见的。

陈金振 今天下大雨,格厂长是去看望家里淹水的职工。

刘伯宽 哦! 深入基层,访贫问苦去了。

格里希 我们武汉柴油机厂职工的住房条件太差了! 我知道中国的工人没有自己的住房,我这个厂长应该为他们提供一个基本的居住条件。我今天已经向他们许诺了,我们武柴应该盖职工宿舍,请市长先生支持。

刘伯宽 好哇,工人的住房应该改善。这盖职工宿舍的问题,我回去跟规划局商量一下,争取先立项,再想办法筹钱。

格里希　盖宿舍是件大事,我想向姚副总理和国务委员张先生汇报一下。我每次在北京见到他们,他们总是问我有什么困难,我现在的困难就是我的工人没有房子住。

刘伯宽　对! 如果得到他们的支持,这个事就好办了。不过,您格厂长也是要拿钱出来的啊!

格里希　那这件事我们就说定了。

刘伯宽　格里希先生,您就放心大胆地干吧! 我始终支持您!有什么事,直接跟我打电话。好了,您早点休息吧,保重身体!

【送走了刘市长,格里希已经是疲惫万分。陈主席扶着格厂长躺下休息。

【收光。

【巴赫的一首小提琴曲响起,勾起了格里希的思乡之情。

【两束追光分别照亮格里希和他的夫人。

格里希　亲爱的安,你还好吗?

格夫人　你好,亲爱的威! 北京时间应该很晚了吧,你还没有休息?

格里希　亲爱的安,我在想你,你的腿现在还疼吗?

格夫人　感谢中国领事馆的官员来看望我,他们送给我的中国膏药,我贴了几次就好多了。

格里希　你的腿不疼了,我的腿却开始疼起来了!

格夫人　啊? 你的腿怎么啦?

格里希　没什么,摔了一跤!

格夫人　啊? 摔了一跤! 伤着没有?

格里希　没事,擦破了一点皮,有一点点疼,过几天就好了。

格夫人　真的没事吗? 找裴博士看了没有?

格里希	真的没事，不必惊动他了。
格夫人	不行！我马上就要飞到武汉来。我还不了解你吗？一干起活来，就把自己给忘了，你好好休息，我马上就到你的身边来，等着我。
格里希	亲爱的安，你最了解我。真的我只要一到工厂里，就一刻也停不下来。他们说这个老头像疯了一样，拼命地工作！工作！退休了也不知道回去享福。我就像钟表里面的发条，我一拧紧，就带动整个齿轮都转起来了，工人们想不动都不行。
格夫人	这是你一贯的风格。
格里希	他们说我不知道累，其实我知道，我也很累！
格夫人	你已经是个 65 岁的老人了，不是当年的帅小伙威尔纳了。你要注意身体，不要累坏了。
格里希	每当我从车间归来，疲惫地倒在沙发上时，我心中总有一个声音在问我：这就是你想要当的厂长吗？
格夫人	你是在好几个国家当过企业高管的，这一次有什么不同吗？
格里希	我不懂，有很多是一家人都在厂里上班，全都靠这个工厂生活，为什么他们就不认真干活？上班的时候聊天、抽烟，没有把工厂当成自己的家，把产品当成自己的孩子。后来才知道，他们中国有个词，叫"铁饭碗"！这些毛病的根源就是他们端的是铁饭碗。
格夫人	你能够改变他们的这种状况吗？
格里希	我试图打破他们的铁饭碗，总是说要开除他们，其实我没有开除过一个工人。我只是想提高生产效率，让大家在工作中竞争。我推行"岗位责任制""结构工资制"，可是阻力重重，他们当着我的面很顺从，背着我就无休止地开会争吵。有时被我遇见，我就发脾气把他

们都轰到车间去。

格夫人　亲爱的威！你不应该对他们发脾气,他们就像你邻居的孩子,他们的父母邀请你到他家去作客,你却在骂他家的孩子,他邀请你去,是要你去帮助那些孩子。你这样爱发脾气,对得起邀请你去中国的总理、部长、市长先生吗?

格里希　其实,我到中国来也没有什么远大的理想、宏伟的抱负,只是想帮助中国的农民用上好的拖拉机,让我们工厂的工人住上新房子。可是要改变他们很难,不知道两年的时间够不够。

格夫人　你要相信,中国是一个伟大的国家,中华民族是一个伟大的民族,他们在历史上创造过很多奇迹。现在,他们有了伟大的领路人在带领他们创造新的生活,你就在武柴好好干,做一个国企改革的探路人,威尔纳,我马上就会飞到你的身边照顾你,支持你,你再坚持一下吧!

格里希　亲爱的安,快来吧,我想你!

【对话被敲门声打断,追光收,室内灯起。

徐科长　格厂长在吗?

陈金振　小点声,格厂长刚休息。

格里希　有事就让他进来吧!

徐科长　报告格厂长,关于偷运焦炭的事,我已经查清楚了,铸造车间王满妹带着他的老公林学工要亲自向格厂长自首,人都给你带来了,你看怎么处理?

格里希　王满妹?她来了?

徐科长　(对着门外)进来,你自己跟格厂长说!

【王满妹揪着林学工的耳朵上场,后面还跟着一个卡车司机。

陈金振　满妹,你这是……?

王满妹　格厂长刚从我家出来就摔了一跤,把我都吓死了! 我问他格厂长为什么要去拦那辆车,在这黑灯瞎火的下雨天,卡车在拉什么东西。原来这夜运焦炭是他做的好事! 我就把他揪来了,叫他跟格厂长坦白交代。

陈金振　格厂长刚到你家去过,你竟干出这种事来!

林学工　格厂长,是我不对,我没有向你汇报就把焦炭转卖给别人,是我的错。

格里希　转卖给谁了? 卖了多少钱?

林学工　转卖给汉阳红星铸造厂了。是这样的,红星铸造是给我们供应铸件的定点合作厂家,他们这几天焦炭不够用,眼看就要停产供不上货了,就跑来找我求援,要我们厂调拨一点焦炭给他,我就划拨了十吨给他们了。这,这,有划拨单在这,您看!

徐科长　你卖给他们是多少钱一吨? 你从中落了多少好处?

林学工　没有没有! 我一分钱都没贪,只是按计划价给他的。

格里希　你知不知道,这是凭着我这张老脸到处去求别人,用计划外的价钱买回来的?

林学工　我知道,我知道! 我想您的面子大,您能买得到原材料。他们这乡镇小厂,就只有来求我了。

格里希　你明知道这计划内计划外每吨相差 100 元,你为什么还是按计划价划拨给他?

林学工　我给他们的是我们厂筛下来的小焦炭,大块的焦炭留给我们自己用,小块的才给他。我想都是为了我们的柴油机生产,即使亏一点,肉烂在锅里,都是国家的,也无所谓,就这样给他了。

陈金振　好你个林科长! 你竟敢当这样的家,你到底得了好处没有?

林学工　没有没有！就是那个司机开车来的时候，带来一筐鸡蛋送给我。

陈金振　哎呀！你……（无语）你贪小利坏大事，你这样做对得起格厂长吗？

王满妹　格厂长这么大的年纪，不远万里来武柴当厂长，不拿一分钱，还舍着性命帮我们，你好意思拿工厂的焦炭去做人情？

林学工　格厂长，我该死！我对不起您！您这样呕心沥血为了我们，下那么大的雨到宿舍去看我们，还摔了一跤，我擅自调拨焦炭不对，我认错，我再也不敢了！

徐科长　那个开车逃跑的司机我也带来了，他想给格厂长当面道歉。

司　机　格……格……格厂长，对不起。我们农村人见识短，当时一看见拦车的是个外国人，就吓了一跳，您叫的什么我也听不懂，所以就加了一脚油赶快跑了。对……对不起！您受苦了，这一篮子鸡蛋，您收下补补身子！

陈金振　（无可奈何）哎呀！又是鸡蛋！你拿走吧，格厂长不会要的。

格里希　事情清楚了。你们都回去休息吧！但愿以后这样的事情再也不要发生。

　　【王满妹、林学工、司机三人同时向格厂长鞠躬道歉："格厂长，对不起！"

格里希　不是对不起我！希望你们记住一句话，我总是要走的，这个厂子是你们自己的！

　　【收光。

第六幕 / 格里希奋战平安夜　创优质大打翻身仗

【时间：1985 年 12 月 24 日。

【(陈金振画外音)格里希当厂长转眼有一年多了,机械工业部质量检查小组年底又要来工厂进行例行检查。今晚是西方的平安夜,相当于我们中国的除夕夜。格厂长没有回家过年,他还在车间与工人们一起战斗。成品库和试车房之间依然是人来车往,热闹非凡。格里希就是在这里,在异国他乡度过了一个不一样的平安夜!

【灯起。

【与第一幕相同的场景,这一次是新任检验科科长余梦笋在现场指挥。

余梦笋　师傅们小心,摆放整齐啊! 试车完毕的柴油机进了成品库的就是要让检查组随机采样的,不管他挑到哪一台,都保证是达优产品。

林师傅　晓得了哦! 凡是进了我的成品库就一顺码好,再也不搞什么"仪仗队"了,随便挑,随便择,个个都是优等品!

余梦笋　老林师傅,你不要哪壶不开提哪壶! 以前搞"仪仗队"那是没有办法,现在没有那个必要啦!

林师傅　小余科长,你信心就这足? 台台都是优等品?

余梦笋　这一年多,格厂长关于质量整改的措施累计起来只怕有了上千条,你晓得我们挨了多少骂,加了多少班,吃了多少苦,才有今天这个底气! (看到小赵推一台柴油机过来)小赵师傅,等一下!

小　赵　"红衣主教"大人,又有什么指示? 这一台刚试车完毕,保证是优等品!

余梦笋　这个我不担心,质量肯定是没问题的,但是这一台的外观还没有擦干净,格厂长要求,每一台产品都要清洁美观,内外一致,一点灰尘油污都没有。这一台还有点欠缺。

【说完拿出带电筒的放大镜查看,还用一根磁铁棒伸进内部探测,抽出来后仔细察看,用棉纱球擦拭。

小　赵　你这真的是用放大镜来挑毛病!

余梦笋　这是格厂长传给我们随身携带的三件宝,用它可以随时随地检查质量。

小　赵　我看看,这个放大镜还是带电筒的咧!

余梦笋　格厂长从联邦德国带回来的,没见过吧?

小　赵　一台柴油机要擦那么干净? 太过分了吧!

余梦笋　格厂长说,你到商场去买一台洗衣机,你是选台外观干净的还是选台外观有油污的呢? 农民买柴油机时的心情跟你买洗衣机是一样的,懂了吗?

小　赵　懂了懂了! 格厂长还有一句著名的"孩子"论! "你家有孩子吗? 对待产品零件要轻拿轻放,就像爱护你家的孩子一样!"可惜我家没有孩子! 连老婆都没有,哪来的孩子?

林师傅　好好干,这两年实行多劳多得,你的工资也涨了不少,眼看着宿舍楼就要起来了,过些时候再分个房子,你老婆孩子就都有了!

【众人哄笑。

余梦笋　今年的创优检查明天就要开始了,这次创优肯定成功,我们武柴的好日子就快到了! 好了,推进去吧!

【工会主席陈金振上。

陈金振　小余科长,跟你说件事。今天是 12 月 24 号,明天就是圣诞节,是西方人过大年的日子。我们中国人再怎么忙,这过年都是要回家的。可是人家格厂长为了我们柴油机创优,连这大过年都没有回家。

余梦笋　你是说我们在这跟他过一个圣诞节?

陈金振　对!这孩子真聪明!一点就通。我想今天晚上为格厂长夫妇开一个圣诞晚会。我去准备一下,你今天的工作就早点结束,千万不要加班!

余梦笋　好咧!我知道了。

【检验员甲从试车车间出来。随着开门传来一阵柴油机震耳欲聋的轰鸣声。

检验员甲　余科长,试车房出事了!

余梦笋　啊?什么事?

检验员甲　我们在抽查测功机时,发现有的测功机功率有波动。测量参数不准!

余梦笋　啊?那就是说我们今天入库的柴油机中可能存在没有达到优等品的漏网之鱼!明天,部质量检查组就要进厂抽样了,情况紧急,刻不容缓。你,马上去向格厂长汇报。其他人跟我来,立即检修校正测功机。

检验员甲　好,我去向格厂长汇报!(转身就走)

余梦笋　回来!你就说我们会对所有的测功机进行检查校正。这件事我们自己能解决,叫他就不要来了,晚上我们开圣诞晚会。

【切光。

【灯光再起时,天色已晚。工人和检验员都劳累不堪,席地而坐。

检验员甲　林师傅,你老人家是不是做点好事,去跟我们搞点水来喝。

林师傅　马上马上。我刚才回去把我存的一点茶叶拿来了,给你们泡点茶。来!来!喝杯热茶提提神!(挨个

给师傅们端茶倒水)

余梦笋	说好了今天不加班的,说好了叫格厂长不要来的,结果他还是来了,还是加班到现在!(对检验员乙说)刚才格厂长不是跟你在一起的吗?怎么你出来了格厂长还没出来?
检验员乙	格厂长听说测功机不准,就要我们马上检修校正。这些活我们都能干,可是每一台测功机校正完了以后,他都要亲自验收。我把最后一台都校正好了,他还在验收,我就先出来了。
林师傅	快去把格厂长拉出来歇会儿。试车房里面闷热高温,噪声又大,在里面待几个小时,你们年轻人都受不了,何况他一个 60 多岁的老人!
检验员乙	他要干的活没干完,九头牛都拉不出来。
余梦笋	那怎么办?我有办法!我就说他的夫人来找他了,看他出不出来!(对里面喊)格厂长,你夫人来找你来了。

【当余梦笋进去把格里希拉出来时,格夫人上场。

余梦笋	啊!(吃了一惊)格夫人真的来了!
格里希	亲爱的安!你怎么来了?
格夫人	威尔纳,你带着孩子们加班,到现在都没吃饭,别把孩子们饿着了!
格里希	哦!我一工作起来就把这给忘了。

【工会主席陈金振带着食堂人员抬着饭盒上场。

陈金振	来啦!来啦!加班的师傅们快来,开饭啦!
格里希	谢谢陈主席,还是你细心周到。
陈金振	不是我细心周到,是格夫人细心周到。她一看格厂长没按时回去吃饭,就打电话问我孩子们吃饭了没有。接着就赶到食堂来了,带着我们一起来送饭。

格里希　啊，太好了！大家快来，陈主席慰劳大家，来，都来吃吧！

陈金振　格厂长，您也来一个！是要白面馒头还是要大肉包子？

格里希　好，来一个中国汉堡，吃饱了好干活！（接过一个坐下与大家一起吃，众人站在他的周围。）

小　赵　啊？还要干活！测功机不是都校正好了吗？

格里希　明天机械工业部质量检查组就要进厂了，大家还记不记得去年国庆节前的这一天？我们的"仪仗队"出了事故，张小凯同志还被关进去了。

林师傅　记得啊！那天把我都吓傻了。

格里希　明天部质量检查组要进厂了，临到这关键时刻试车房又出了问题，通过刚才对全部测功机的检查，我发现是036号试验台的测功机有误差，导致测量不准。

众工人　036号？（全部指向小赵）

小　赵　啊？刚才还在说指望加工资分房子，讨个老婆生孩子，难道我要成为第二个张小凯？

格里希　吃完包子以后请你去坐班房！（故意卖关子慢慢说）

众工人　（全部扭头看格里希）啊？不会吧！

格里希　我仔细研究了今天出现问题的原因，应该不是我们工人操作的问题，而是我们使用的设备问题。

小　赵　啊！吓死我了！

格里希　我们使用的水力测功机，它的测量精度本身就不高，稍微调试不好，测出来的误差就会超标。幸亏今天问题发现得早，处理及时，所以我非常感谢大家！

小　赵　没事就好，这也是我们应该做的。

格里希　通过大家这两年的努力，我们的产品质量有了质的飞跃，我对于这次冲击优等品的称号很有信心。大家不必惊慌，先把肚子填饱，然后再把从036号试验台上下来的机子找出来再过一遍,保证万无一失!

众工人 好咧! 这样就保险了!

陈金振 不行不行! 你们再加班,那我的圣诞晚会就泡汤了!

格夫人 像这样老是加班也不是个事啊,你得想想办法!

格里希 我已经下了决心,为了保证柴油机质量的长期稳定,从明天起,开始逐步更新设备,用 3 个月的时间,我们的试车房将彻底告别水力测功机,用上先进的电力测功机!

众工人 那我们试车工劳动条件就好多了。

格里希 我向你们保证,今天连夜加班是最后一次。以后用上电力测功机,所有的柴油机试车检验一次成功!

【大家欢呼!

格夫人 好啦好啦! 你总是说要爱护孩子爱护孩子,你可别把他们累坏了!

格里希 是的,我把你们都当成我自己的孩子一样,可我是个严厉的父亲! 我不但要管你们的吃饭住房,我还要教你们如何做人做事。更重要的是要你们学会怎样对待你们的孩子! ——你们生产的柴油机,就是武柴的孩子,他们应该是最漂亮、最聪明、最优秀的,我们今晚的奋战,就是希望他们在明天早上太阳升起的时候,一个个信心满满地站在部检查组的面前迎接挑战,这才是一个父亲的骄傲!

陈金振 格厂长,我们跟你一起干!

【群情高昂,干劲十足。

众工人 我们跟你一起干!

格夫人 威尔纳,你来到中国以后,总是惦记着家乡的啤酒。这次我从家乡给你带来了你最喜欢的皮尔森啤酒,今天,你和中国小伙子们一起拿起酒杯,喝个痛快! 就像是在家乡一样过一个快乐的圣诞节!(拿出啤酒,分发给在场的工人们。)

陈金振　我建议,就着格夫人的美酒,我们的圣诞晚会就在这现场开始啊!

【音乐起。

众工人　祝格厂长夫妇圣诞快乐!

格里希　谢谢夫人给我们带来家乡的啤酒,以解我的乡愁! 小伙子们,尝一尝联邦德国风味的啤酒吧! 为了我们中德工人的友谊,为了我们的柴油机创优成功,干杯! (高举酒瓶)干杯!

陈金振　为了给格厂长庆祝圣诞节,要不要小余科长——我们的"红衣主教"献唱一首歌?

众工人　好! 来一首! 来一首! (鼓掌)

余梦笋　格厂长为了帮助我们中国的改革开放,为了提高我们武汉柴油机厂的产品质量,为了我们的农民用上好的拖拉机,为了我们工人能住上新宿舍,第一次在异国他乡过圣诞节。我就唱一首德国歌曲《小小少年》,献给我们敬爱的洋厂长——威尔纳·格里希先生,祝您圣诞快乐!

　　　　小小少年,很少烦恼,
　　　　眼望四周阳光照。
　　　　小小少年,很少烦恼,
　　　　但愿永远这样好!
　　　　一年一年时间飞跑,
　　　　小小少年在长高!
　　　　……

【余梦笋用中德双语演唱了联邦德国歌曲《小小少年》,大家随着歌曲的节奏击节起舞,现场一片欢腾。

林师傅　格厂长,创优成功了,我请你喝武汉的"黄鹤楼"!

格里希 武汉的黄鹤楼? 我去过,在长江边的山上,那怎么喝?

陈金振 他说的是我们武汉的一种名酒,叫"黄鹤楼"!

【众人大笑,切光。

第七幕 / 改革见成效　住新房不忘奠基人

【时间:1986 年 11 月 4 日。

【(陈金振画外音)格里希厂长两年的任期到了,武汉柴油机厂在这里召开全厂职工大会,热烈欢送格里希厂长离任。会场上张灯结彩,锣鼓喧天。会场下群情激动,议论纷纷。

【过场。

林师傅　听说格厂长任期两年到期,就要走了咧! 是真是假啊?

林学工　是真的,人家都六七十岁了,未必在这里老待着?

林师傅　那这一走,他制定的分房方案还算不算数? 莫把我们又搞掉了咧!

王满妹　你放心,格厂长说话算数,他几时哄过我们?

林学工　格厂长好事做到底,听说他要把房子分下地了再走。

林师傅　我就是怕格厂长走了,没有人压得住阵。

王满妹　不会的。快点,快点,开会了!

　　　　【幕启　基本场景＋大会场景。上面悬挂的横幅是"热烈庆祝 S195 柴油机荣获机械工业部优质产品称号"。工会主席主持大会。

陈金振　同志们,今天是我们武汉柴油机厂大喜的日子,这两年以来,格厂长带领我们艰苦奋斗,改革创新,终于摘掉了我厂产品质量落后的帽子,S195 柴油机获得了机械工业部优质产品的称号。这是第一大喜! 现在请市委书记、市长刘伯宽同志和厂长格里希先生为奖牌剪彩!

　　　　【音乐起,两个身着盛装的年轻女工捧着盖着大红绸的奖牌上场。

陈金振　请刘市长、格厂长上台剪彩!

【在热烈的锣鼓声欢呼声中,两人共同拉下覆盖在奖牌上的红绸。

陈金振　这第二喜,由刘伯宽市长代表武汉市委、市政府,授予格里希先生"武汉市荣誉市民"称号。现在请刘市长向格里希先生颁发证书,赠送象征武汉市家门的大钥匙。

【刘市长向格里希颁发证书和钥匙。

刘伯宽　从此以后,您就是我们武汉人,武汉随时欢迎您再来!

格里希　谢谢! 我已经把自己当成武汉人了,武汉是我的第二故乡,我会常来的!

陈金振　这第三喜,就是刘市长发完了大钥匙,再由格里希厂长发小钥匙! 在格厂长的领导下,我们的新宿舍楼已经竣工了,今天,将有 152 户职工领到新房的钥匙。从此他们将告别破旧的平房,搬进高楼大厦!

【再次鼓乐齐鸣,群众欢呼。工人排队从格里希厂长手中接过装有钥匙的红包。

陈金振　下面,请格厂长讲话!(鼓掌)

格里希　(台词根据格里希离职时的演讲原文改编。)

两年前,我也是站在这里开始我的工作的。记得有一次我对大家讲,如果大家再勤奋一点,也许有一天就可以建职工宿舍。当时很多人都露出不敢相信的神情。现在回想 1984 年 11 月 1 日我的讲话,要做的事情基本上我都做了!(热烈的掌声)

在这里,我要对给予我巨大帮助的市长刘先生、外办主任杨女士、武柴的工程师和广大工人们表示感谢。因为我很清楚,如果没有大家有效的帮助,我在这里就一事无成。借此机会向在座的先生们说一下,平时在工作中我向大家发过火,不是我爱生气,是因为我想把工作做得更好,现在向大家表示歉意!

（格里希向大家鞠躬，大家报以掌声。）

这两年的成绩是有目共睹的。我们的工厂从亏损转为盈利，我们的柴油机已经是优质产品。我们为什么不把这个纪录保持下去呢？一个企业，没有一个好的质量是无法生存的，无论在国内市场还是国际市场，要求得一定的席位，都必须在此基础上进一步提高质量。质量是一个工厂的生命！

借此机会，把我临走之前做的几件事再回顾一下。第一，在武柴进行了劳动工资制度改革，这是国企改革的一个试点，如果我们改革成功的话，它将是全国工厂的一个榜样；第二，我们在进行引进外资的尝试，正在与联邦德国哈茨公司商谈合作事宜；第三，引进先进的设备，武装用上了更精确的电力测功机；第四，发展外贸，选了几个英语水平好的年轻人搞对外销售，把我们的柴油机卖到东南亚去；第五，我们现在盖了几栋宿舍，但这还远远不够，我走了以后你们还要继续盖！我恳请大家，我们应该更好地工作，获得更好的效益，为了国家的利益，为了工厂的利益，为了自己的利益，提高我们产品的质量！（雷鸣般的掌声）

最后，我还想说一句。总有一天，铁饭碗会被打破！我希望你们打破铁饭碗，捧上金饭碗，日子越过越好！

尽管我对武柴依依不舍，尽管我对武汉流连忘返，但我终归是要走的。武柴的希望在你们身上，中国的希望也在你们身上！

祝愿大家及各位万事如意！祝愿我们的工厂一帆风顺！

【舞台后灯光起，格里希高大的身影出现在厂房的高处，随着深情的《春天的故事》歌声，在工人、干部、群众的拥簇下，慢慢地走向前台。

【电视台记者拿着话筒，站在舞台右前方，继续直播采访。

记　者　当我们回想起格里希先生当年在武柴试行的各项改革
　　　　制度，即使在今天，也具有非凡的意义。格里希传播的
　　　　新理念，在那个时候的中国，带有强烈的启蒙色彩。格

里希留下的讲话和日记，都是今天我们企业家的免费教材，他以实际行动为中国的企业家做出了示范，他的那一套改革办法与我们今天国有企业推进的改革方向是完全相同的。格里希是探索中国国企改革的先驱！他是一只早叫的"洋公鸡"！

【在欢乐热情的音乐声中缓缓收光。

尾声 / 格里希一语成谶　改革渐入深水区

【回到序幕场景，陈金振继续在小石桌边讲格里希与武柴的故事。

【定点光起。

【（陈金振画外音）洋厂长卸任以后，他人走了，可是心还留在这里。他时时刻刻惦记着中国，惦记着武柴，惦记着我们。他对于那遥远的中国武汉仍然是魂牵梦萦。他已经把武柴当成了自己的孩子，无限牵挂。后来的十年，我们再也没有见过面，倒是小凯和小梦两口子与他有过联系。

【收光。

【灯起。

【时间：格里希离任 10 年以后的 1996 年。

【地点：格里希在德国家中的客厅（陈设有中国瓷器和山水画）。

【客厅的茶几上放着一堆相册，格里希正在翻看其中一本。

格夫人　威尔纳，你又在想你武汉的那些老朋友啦！也只能在照片中看一看了，自从你走后，除了那些老工人还在，那些支持你的官员都升迁了，你在工厂里培养的接班人也陆陆续续调走了。武柴是你在时红极一时，你走后又回到从前了！

格里希　我刚退下来的时候，几乎每年都去中国。江西、内蒙古、上海、海南，那些认识我的官员，升迁到哪里，就请我到哪里去参观调研，给他们的企业做咨询。可是我最放心不下的还是武汉柴油机厂。

格夫人　你已经是半个武汉人了，人在德国，心在武汉。

格里希 我虽然只当了两年厂长,但我已经非常了解武柴了。照他们那个干法,企业是发展不起来的。所以我回国以后,极力争取武柴与联邦德国哈茨公司的合作项目,得到联邦德国经济合作部的支持,可以获得复兴开发银行的长期无息贷款。只要他们按我这个思路去做,引进外资合作生产最先进的小型发动机,把优质产品推向全世界,该是多好的发展机遇!

格夫人 可是你急他不急!这么好的项目居然被他们拖拖拉拉地搞了两年,最后贷款项目过期,硬是没搞成。多可惜!

格里希 不是武柴拖拉,是他们的领导还在探索改革开放的道路,今后怎么发展的方案还没有定下来。唉!不谈了,这么好的机会失去了,我真的担心武柴的工人以后怎么过。

【格里希的手机响了,接电话。

格里希 您好!您是哪位?啊!中国总领馆的温领事。你好你好!我是格里希。

【对方电话的画外音。

温领事 格里希先生,我受您的委托,向武汉方面打听了一下武汉柴油机厂现在的状况,现在跟您通报一下。

格里希 谢谢!武柴的情况现在怎么样?我离开已经十几年了,他们都还好吧?

温领事 在您离开的这十年中,中国社会的改革从有计划的商品经济过渡到了社会主义商品经济。对于不能适应市场竞争的国有企业实行资产重组。武汉柴油机厂由于连年亏损,已经停产,准备进行破产清算,职工面临下岗再就业,等待国家的安排。

【犹如一声惊雷,格里希听到了他最不愿意听到的结果。他瘫坐在沙发上，无言以对。

温领事 喂！喂！格里希先生，还有一件事通知您一下。武汉方面来了一个经贸代表团，到友好城市杜伊斯堡来访问。其中有两个人特地要求见您，我已经把您的地址告诉给他们了，预计今天就会到您家，他说您认识的，你们见面再聊吧！

格里希 好的，温领事，谢谢你！再见！

有两个我认识的人从中国武汉来，想见我，那是谁呢？（拿起茶几上的相册翻看）刘伯宽市长？他已经调到江西去当省长了。杨欣主任？也不对，她是外交官员，她来看我领事馆肯定知道，刚才温领事没说，不会是她。总工程师李尚德？他倒是来过德国，他恨我都来不及啊，还来看我？那还有谁呢？工厂里的工人师傅不可能出国来看我啊！他们现在面临着下岗，铁饭碗都打破了，饭都没得吃，还能来德国？唉！这来客到底是谁呢？

【室内光收。

【幕后传来小汽车开过来、刹车和有人下车关车门的声音。余梦笋和张小凯上场。

余梦笋 小凯，这里就是格厂长的老家曼海姆。这一次德国旅行印象怎么样？

张小凯 第一次跨出国门走向世界，太激动了！

余梦笋 我们坐船从杜伊斯堡一路南下到法兰克福的中国总领事馆，然后经过了莱茵河最美的一段河谷，它见证了德国工业文明的发展历史，莱茵河谷现在被评为世界文化遗产，风景不错吧？再从法兰克福开车到曼海姆，让你也过足了开奔驰车的瘾吧？

张小凯 这大奔开得太过瘾了，和我那台上海桑塔纳不是一个

　　　　　　档次！

余梦笋　知道德国车的厉害了吧？你是搞发动机出身的，这大
　　　　奔的发动机如何？

张小凯　那还用说，听那声音就舒服。

余梦笋　大奔的祖师爷卡尔·本茨先生 140 多年以前在这里创
　　　　立了曼海姆 MWM 公司。格里希就是从这个曼海姆机
　　　　械技术专科学校毕业的，他获得了发动机检测技术的
　　　　真传，以前你们不知道格厂长的底细，现在知道他的厉
　　　　害了吧。

张小凯　那时候我们都是井底之蛙，不知道人外有人，天外有
　　　　天。还是你当初决定出国留学是对的，早出来，见识
　　　　多，成长快，我还要加倍努力，跟在你的后面追啊！

余梦笋　小凯，成长起来了，才知道格厂长的好吧。（走到格里希
　　　　家门口，灯起，按门铃。）

余梦笋　就是这里啦！请问，这是格里希先生的家吗？我是从
　　　　中国武汉来的。

格夫人　啊！威尔纳，有客人来了！来啦来啦！（开门）你们是？

余梦笋　格夫人，不认识我了？我是武汉柴油机厂的小余，格厂
　　　　长的检验科科长，大家都叫我"红衣主教"！

格夫人　哦！你好！你好！快进屋来。威尔纳，你看是谁来啦！
　　　　武汉的小余看你来啦！

格里希　哦！余小姐，欢迎欢迎！我说武汉来的人是谁呢？原
　　　　来是你！（热情拥抱）

张小凯　格厂长，格夫人，你们好！我是张小凯。

格里希　啊！张小凯。（指着他们俩）一对小朋友？（热情拥抱）
　　　　哈哈！快请坐！

格夫人　你们是喝中国茶还是咖啡？

格里希　还是泡茶吧，他们喝不惯咖啡。小朋友，我已经听说，

武柴不是已经打破铁饭碗了,职工都下了岗,工作都没有了,你们怎么还能飞到德国来看我啊?

余梦笋 格厂长,你走以后,我进修了德语,后来申请上了慕尼黑工程技术大学。我在德国学习和工作了六年才回国,要不是小凯一直在等着我,说不定我就留在德国不回去了呢!

格里希 对对对! 我想起来了。你们俩当着我的面说过"等——着——你!"哈哈! 有情人终成眷属,你们还没请我吃喜糖呢!

张小凯 格厂长还是我们的大媒人呢!

格里希 什么"大媒人"?

张小凯 就是婚姻介绍人。

格里希 哦! 对! 我记得你好像说过不混出个人样来不回来见她! 你现在混得怎么样? 有个人样了吗?

张小凯 格厂长,自从你答应我离开武柴,我一直记住你的话。我在广州做服装生意,淘到第一桶金以后,正好赶上深圳股票交易所试点开业,我就把做服装赚的钱全部买了股票,我就这样搭上了改革开放的顺风车,后来一发不可收拾。现在我是长江建设集团的董事长,准备回武汉搞房地产开发呢!

格里希 哦,对了,你们俩都不是武柴的人了。武柴现在遇到困难了,我走了以后,听说武柴的质量又下降了,产品卖不出去,工厂亏损要破产,职工要下岗没工作,我听到这些,心如刀绞! 你说,像王满妹、小林、老林,他们怎么办? 一家老小都在武柴!

张小凯 格厂长,您别伤心! 情况不是您想的那样。不是的! 这次我们来就是为解决武柴进一步深化改革的问题,我们来就是要向您汇报,请您帮忙的。

余梦笋 关于武汉柴油机厂停产进行资产重组、职工下岗这个问题，一些人有很深的误解。好像是洋厂长的国企改革试点红极一时，人一走依然如故。格厂长，实际情况不是这样的。

格夫人 不是这样？那为什么威尔纳走了武柴就垮了呢？

余梦笋 一个工厂就像一棵树，我们古田工业区有一百多个工厂，那就是一片森林。如果说武柴这棵树是因为产品质量不好而枯死，那么这一片森林为什么都死了？然而每一棵树都是质量不好吗？何况格厂长走了以后我们的产品仍然是部优名牌，并没有明显下降。格厂长在武柴抓质量、抓管理的成绩在那里摆着，谁也否认不了！

格里希 听了你的话，好像是说我的努力没有白费？

余梦笋 是的，一棵树死了，你可以说它病了，可是一片森林死了，肯定是气候变化的原因。武柴的破产、资产重组是改革开放进入了一个新的阶段，是中国全面实行社会主义市场经济的大气候中的普遍现象。老树病树全部砍掉，重新耕耘土地，再种上新的树苗，几年以后，又是郁郁葱葱一片！

格里希 你这么说我就明白了，你们就是种树人？你们准备重新来过？

余梦笋 随着改革开放的深入，市场机制淘汰了一大批效益不好的国企。但是在我国的东南沿海地区，一批企业得天时地利蓬勃发展起来了。我回国以后，就在当今中国柴油发动机龙头企业常玉集团股份有限公司任总经理助理，负责行业整合的战略布局。

格里希 中国东南沿海的工厂我也去参观过，确实很不错，市场机制导致的优胜劣汰很正常，说明这个社会进步了。

余梦笋　这次来德国的任务就是招商引资，我还是想请您帮忙，把与哈茨公司合作的这条线再牵起来。如果这次招商引资成功，我们公司将在有雄厚工业基础的武汉定点设厂。

张小凯　我们集团也准备参与武柴的资产重组，投入资金，把武柴在市中心的土地置换出来，进行房地产开发。新的合资公司就到经济技术开发区建厂生产。

格里希　这个思路太好了！照这样干简直就是脱胎换骨创造奇迹！

余梦笋　如果我们的这次招商引资成功，武柴的职工不但是打破了铁饭碗，他们再就业以后，还会捧上金饭碗，你的预言全部实现了！

格夫人　我就说过，中国人有大智慧，会创造很多奇迹！

格里希　到底是年轻人敢想敢干！我十几年以前梦寐以求改造武柴、发展武柴的努力没有实现，现在在你们手里就要实现了，年轻人真棒！

余梦笋　不是我们真棒，是您这个洋厂长真棒！没有您这个改革开放的洋老师，能有我们这两个学生的今天吗？

格里希　安！今天请两位中国客人在我这吃饭，把我从武汉带回来的"黄鹤楼"拿出来，和他们好好喝一杯，明天就带他们去哈茨公司洽谈招商引资！

　　　　【格夫人拿出酒来斟上。

张小凯　格厂长是半个武汉人，我们这是"他乡遇故知"啊！应该一醉方休！

格里希　来，为我们在此重逢，为武柴的重生，干杯！

　　　　（小石桌处灯光起，全体人员共同举杯。）

　　　　为我们武汉柴油机厂永远的洋厂长，干杯！

（全剧终）